版权声明

INQUIRY-BASED EARLY LEARNING ENVIRONMENTS by Susan Stacey
Copyright © 2019 by Susan Stacey
Published by arrangement with Redleaf Press c/o Nordlyset Literary Agency through Bardon-Chinese Media Agency
Simplified Chinese translation copyright © 2019 by China Light Industry Press Ltd. / Beijing Multi-Million New Era Culture and Media Complany, Ltd.
ALL RIGHTS RESERVED

保留所有权利。非经中国轻工业出版社"万千教育"书面授权,任何人不得以任何方式(包括但不限于电子、机械、手工或其他尚未被发明或应用的技术手段)复印、拍照、扫描、录音、朗读、存储、发表本书中任何部分或本书全部内容,以及其他附带的所有资料(包括但不限于光盘、音频、视频等)。中国轻工业出版社"万千教育"未授权任何机构提供源自本书内容的电子文件阅览、收听或下载服务。如有此类非法行为,查实必究。

Inquiry-Based Early Learning Environments:
Creating, Supporting, and Collaborating

幼儿园探究性环境创设
——让孩子成为热情主动的学习者

［美］苏珊·斯泰茜（Susan Stacey） 著

康 丹 陈恺丹 译

中国轻工业出版社

图书在版编目（CIP）数据

幼儿园探究性环境创设：让孩子成为热情主动的学习者／（美）苏珊·斯泰茜（Susan Stacey）著；康丹，陈恺丹译. —北京：中国轻工业出版社，2019.4（2024.7重印）

ISBN 978-7-5184-2311-8

Ⅰ.①幼… Ⅱ.①苏… ②康… ③陈… Ⅲ.①幼儿园－环境设计 Ⅳ.①G617

中国版本图书馆CIP数据核字（2018）第288827号

责任编辑：王慧超　　　　责任终审：腾炎福
文字编辑：张天怡　　　　责任校对：刘志颖
策划编辑：高　君　　　　责任监印：吴维斌

出版发行：中国轻工业出版社（北京鲁谷东街5号，邮编：100040）
印　　刷：三河市双升印务有限公司
经　　销：各地新华书店
版　　次：2024年7月第1版第5次印刷
开　　本：710×1000　1/16　印张：11.25
字　　数：80千字
书　　号：ISBN 978-7-5184-2311-8　定价：48.00元
读者热线：010-65181109
发行电话：010-85119832　　010-85119912
网　　址：http://www.chlip.com.cn　http://www.wqedu.com
电子信箱：1012305542@qq.com
版权所有　侵权必究
如发现图书残缺请拨打读者热线联系调换
240624Y1C105ZYW

译 者 序

> 在教育上，环境所扮演的角色相当重要，因为孩子从环境中吸取所有的东西，并将其融入自己的生命。
>
> ——玛利亚·蒙台梭利

近年来，随着《国家中长期教育改革和发展规划纲要（2010—2020年）》《关于当前发展学前教育的若干意见》《关于开展幼儿园"小学化"专项治理工作的通知》和《关于学前教育深化改革规范发展的若干意见》等一系列国家政策的发布，学前教育的发展受到空前的重视，学前教育进入了快速发展时期。但是，不可否认，我国的学前教育在教育理念、师资力量等方面与有的欧美国家还存在一定的差距。改革开放40年的经验告诉我们，要推动我国学前教育的发展，我们一方面要从优秀的传统文化中汲取精华，另一方面要从多元的文化瑰宝中汲取思想的营养。因此，学习和借鉴国外先进的教育理念，对于我国学前教育的发展具有重要的意义。

瑞吉欧教育工作者认为，环境是幼儿的"第三位老师""是一种富有人格魅力的教育力量"。我国《幼儿园教育指导纲要（试行)》也指出:"环境是幼儿教育中重要的资源,教育工作者应该通过环境创设促进幼儿的全面发展。"可见,环境对于幼儿的发展具有重要作用。现实中,很多教师明白探究性学习环境创设对于幼儿发展的重要性,但是对于如何创设一个既有内涵又有美感的探究性学习环境十分困惑。作为幼儿教育工作者,我们应该如何投放材料?如何有效地回应幼儿的探究活动呢?幼儿的问题和想法如何影响我们的教育实践呢?如何影响我们的班级环境创设呢?如何影响我们与幼儿的关系呢?我们应该如何创设环境以支持幼儿的探究呢?本书作者苏珊·斯泰茜(Susan Stacey)提出了让人耳目一新的探究性环境创设理念,以引导教师反思自身为切入点,以案例的方式阐明了教师支持儿童的探究活动的方法。

苏珊·斯泰茜教授是一位具有深厚的理论基础和丰富的实践经验的学者、教育家,也是一位出色的瑞吉欧教育理念的实践者。她吸收了皮亚杰、维果茨基、洛里斯·马拉古齐等人的理论,并结合她本人和其他实践者的亲身经历,撰写了本书。本书从创建、支持、合作三个方面探讨了探究性学习环境的创设问题,内容包括:如何创设一个支持幼儿探究的室内外游戏环境;如何在保证幼儿身心安全的同时,提供一个支持幼儿冒险的环境;教师对幼儿行为的好奇如何丰富教育实践;如何通过档案记录的方式让教师和幼儿的思考看得见;教师如何通过专业学习来帮助自己实施探究性实践,等等。

本书除了内容丰富之外,还具有以下特点。

(1)观点前沿,理论结合实践

本书反映了世界学前教育研究的新热点和新方向。意大利瑞吉欧·艾米利亚的教育者们对早期教育已经形成了新视角。作者从他们的教学、展览、讲座、论著和案例中汲取了灵感和营养。同时，收集了来自中国、丹麦、加拿大、美国等国家的鲜活案例，实现了多元文化的碰撞。通过阅读本书，读者既能感受到什么是真正的"观察儿童""尊重儿童，追随儿童发展"，也能体会到师幼共建成长环境的重要性。本书充分展示了教师的角色、自然环境、社区、幼儿的能力等的重要性。对于理论工作者而言，我相信本书能为他们提供很好的思想交流与碰撞的机会，启发他们形成一些新的研究课题。

（2）读者群体广泛

本书既适合一线教师阅读，又可供各大院校学前教育专业师生及幼儿家长参考。本书将理论探讨与实践指导融为一体，以瑞吉欧教育理念为理论基础，以图文并茂的方式提供了大量示范性的实践案例，通过真实的教学情境、师幼间的对话、幼儿的典型作品、教师的档案记录等来展示每一种实践的结果。此外，本书还提供了大量的教学策略、实践引导方法和建议，可以让读者深入地学习和借鉴。

我们有幸翻译本书，首先，要感谢苏珊·斯泰茜教授提供了如此优秀的著作；其次，要感谢中国轻工业出版社万千教育编辑部的邀请和高质量的润色工作。本书由湖南师范大学康丹老师团队和留美学者陈恺丹共同翻译。其中，导言至第三章由康丹老师及其团队成员胡利繁、张利、胡姿、李飞燕、文鑫、黄元元、李晶共同完成，第四章至第八章由陈恺丹完成。此外，我们还邀请了部分一线老师通读书稿，在此表示感谢。为了保证翻译质量，我们虽然对书稿进行了反复推敲、多次修改，但是难免有不当之处，敬请读者批评指正。

本书既能带领我们了解，在多元文化背景下，各国幼儿园如何基于探究精神创设适宜幼儿学习的环境以及教师如何回应幼儿的学习；又能启发我们思考，如何基于本民族文化的底蕴提供适宜幼儿发展的学前教育，与国际接轨。学习国外的先进教育模式，需要我们深刻地理解其背后的理念和文化价值观。读者可以广泛阅读相关的理论书籍，以更好地理解和吸收本书的内容。在多元文化背景下，一方面，我们要清楚地知道我们要培养什么样的儿童，要有文化自信；另一方面，我们也要有开放的国际视野，有海纳百川、有容乃大的气魄，在不断地学习、吸收、探究的过程中有所启发和思考，以求能为我们的学前教育事业发展做出自己的贡献。

康 丹

2018年12月于湖南师范大学

目 录

导 言	对知识的探究	1
	探究的多种形式：在实践中是什么样的	2
	游戏即探究	9
	如何使用本书	11

第一章	促进幼儿探究的物理环境	15
	幼儿和教师都是教室里的主角	15
	吸引幼儿积极操作的材料	20
	反映幼儿的生活和文化的材料	21
	从简单到复杂的游戏材料	23
	开放性材料	25
	随着时间的推移和幼儿兴趣的转变，探究活动变得具体而深入	28
	有意识且灵活地摆放和移动材料	31
	充满吸引物和刺激物的环境	33
	给予幼儿更多的时间：使用材料、回顾、重复和探究	35

v

美丽的环境是什么样子的 …………………………………… 36
与环境建立关系 …………………………………………… 38

第二章　支持冒险性思维的环境 …………………………… 41
认知失衡的作用 …………………………………………… 43
幼儿用新颖的或"冒险的"方式使用材料 ………………… 47
走到户外，去森林探险 …………………………………… 49
一个北美洲户外活动环境的示例：布里奇沃特的
"小小世界学习中心" ……………………………… 52
学会说"好的" …………………………………………… 58

第三章　引发师幼好奇和质疑的环境 ……………………… 63
幼儿的好奇心 ……………………………………………… 64
基于幼儿的想法、问题和好奇心来开发
探究式课程 ………………………………………… 69
回应幼儿的问题和表述：如何看到和听到幼儿 ………… 72
教师的问题 ………………………………………………… 76
什么推动着教师研究 ……………………………………… 83

第四章　让幼儿和教师的思考看得见：用档案记录
支持探究活动 ……………………………………… 85
思考的痕迹：为幼儿提供画画的机会很重要 …………… 89

第五章　支持教师成长的环境 ……………………………… 107
心智倾向 …………………………………………………… 109

支持教师开展探究实践的环境是怎样的 ············110
 作为学习者共同体的一员 ··················110
 通过有技巧地倾听，为所有参与者提供建立
  联系、合作和沟通的机会 ················111
 作为支持者和激励者 ······················114
 作为主动的学习者，在学习之路上与幼儿并肩
  前行 ································115
针对探究实践的专业学习是怎样的 ··············116

第六章 支持关系建立的环境 ··················129
幼儿与教师的关系 ··························130
幼儿与材料的关系 ··························132
艺术工作室的作用 ··························135
与家长、社区的关系：重温档案记录的作用 ········137
 利用档案记录与家长沟通 ··················137
 利用档案记录与家长一起开展研究 ············138
 在社区里展示档案记录 ····················139

第七章 探究活动实践 ························141
4岁幼儿的探究活动 ························142
 教师的自我介绍 ··························142
 建立关系 ······························145
 把真相写下来 ··························148
 有关幼儿活动的档案记录，杂乱无章却
  饱含价值 ····························153

时间和重要性·····················156
　　　提问——保持能量·················158
　　　思考的循环·······················160
　　　对探究活动的反思·················161

第八章　最终的反思和邀请·············165

参考文献·····························167

导言　对知识的探究

什么是探究？日常生活中，我们也许会认为探究就是提出疑问、搜索信息，或是弄清楚一个我们感兴趣的话题。对于学前儿童来说，探究的定义也是如此。从出生那刻开始，他们就想知道这个世界是如何运作的，并且会带着疑问积极地寻找答案。作为教育者的我们应该如何有效地回应幼儿的探究呢，这正是本书所要探讨的内容。幼儿的问题和想法如何影响我们的教育实践呢？如何影响我们的班级环境创设呢？如何影响我们与幼儿的关系呢？我们应该如何创设环境以支持幼儿的探究呢？

本书中，我使用的"环境"一词包含许多含义。首先，我们可能倾向于认为环境就是一个物理空间。然而，环境的内涵要更加丰富。我们也可以认为环境是我们应对幼儿的愤怒情绪、不寻常行为以及困惑的地方。我们还可以认为环境是一个激励我们迈向新方向的空间，或是建立关系、做出决定和形成一种特殊文化（一种存在方式）的地方。如果幼儿教师都期待和珍视幼儿的问题，并认真将幼儿的想法付诸实践；如果幼儿教师能够综合考虑自己的想法和幼儿的想法，即使这样做可能会导致原有的课程计划发生变化或者将他们带到未知的方向，那么这样的文化会产生什么样的影响呢？这么做会给我们的日常实践带来什么样的变化呢？本书中，我们将探索各种形式的探究活动是如何开阔我们的视野，让我们更广泛、更深入地开展教学实践的。

探究的多种形式：在实践中是什么样的

幼儿的探究活动有可能是杂乱无章的。对于幼儿来说，探究活动之所以是杂乱无章的，某种意义上是因为他们需要在动手操作材料的过程中动脑思考如何摆弄材料、不断犯错、不断回顾、

反复尝试。这个过程和成人的探究过程几乎是一样的。我们在与幼儿共同活动时，也应该熟悉材料，以便了解它们的多种可能用途；我们只有反复试错、不断摸索、不断试验各种可能性，才能了解某一材料或操作过程是怎样发挥作用的。

当处于一个不熟悉的领域时，我们可能会感到些许的困惑或迷茫，不知道接下来的行为会产生什么样的结果。但是经过一段时间后，我们就适应了由这种情况造成的失衡。我们有时也可能犯错（比如，误解了幼儿的意图或想法），但是我们可以借此深入挖掘和了解幼儿的想法。我们需要不断回顾、重新思考、反复实践。

什么是瞎摆弄（mess about）

大卫·霍金斯是一位教育家，也是一位科学家和哲学家，教师和作家，学者和社会活动家。二十多年来，他致力于研究按照幼儿的学习方式设计课程与教学材料。

——托马斯·詹姆斯（Thomas James）的
《教师的教师，孩子的同伴》

大卫·霍金斯和他的妻子弗朗西丝是美国科罗拉多州博尔德市的山景环境教育中心的主管。他提到，幼儿是好奇的、积极的、喜欢冒险的探究者。他认为，教师可以通过同样的方式来学习如何教学：作为具有好奇心、冒险精神的探究者。在谈到教师的专业学习时，霍金斯指出："顾问和教师必须同样参与进来。他们需要探索、发现、试验，而不是像培训那样培训师事先知道学员应该怎么做。"

博尔德之旅学校深受大卫·霍金斯夫妇以及意大利瑞吉欧·艾米利亚教育理念的影响。博尔德之旅学校的领导们也负责指导该校的实习教师，他们创立了一间霍金斯教室，让教师们摆弄材料、验证想法。他们说："我们设想创设一个挑战教师的空间，以扩展他们对科学概念的理解；同时，我们也想知道这样做会对课堂学习产生什么样的影响。"（Lynch, Schaffer, & Hall, 2009）

"摆弄"一词已经成为早期教育领域的一个重要词汇，它指通过动手操作材料进行学习；对于教师来说，这种学习最终会使他们班级中的孩子受益。

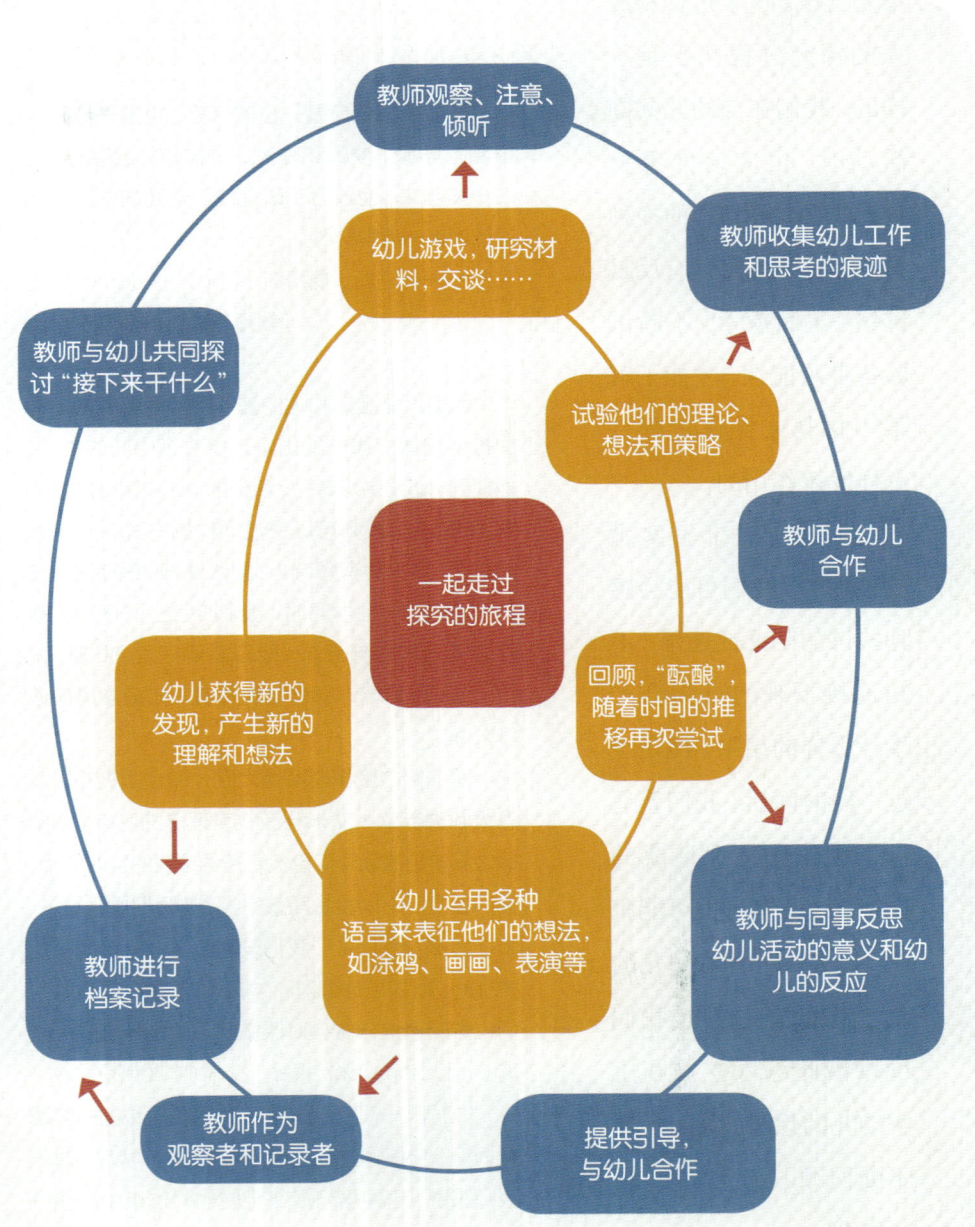

教师与幼儿的探究过程

探究可以采取多种形式。作为教育工作者,我们最熟悉的探究形式也许是动手操作材料。这就意味着我们要探索材料是如何发挥作用的,有什么效果,如何与其他材料组合,有哪些潜在的用途,等等。比如,像黏土这样的材料,就可以把它与其他材料组合使用,不仅能产生不同的效果,还具有不同的用途。我们将在后面的章节中深入探讨材料的使用问题,这里先讨论一个涉及自然材料的例子。

一群4岁的幼儿正在盯着小鸟看。教师在观察了幼儿一段时间后,向他们提出了大量关于树的问题。当幼儿提出要在活动室里建造树屋时,教师毫不惊讶。她为幼儿提供了树枝、树干、粗麻布和大量胶带,让他们能够自己建造一个室内树屋。这就是幼儿自己设计并建造的树屋,历时两周,其间幼儿经历了大量的试误,教师除了偶尔的鼓励外,没有提供其他帮助。

从这里我们可以看到，幼儿并没有将黏土当作雕塑的媒介物，而是将它当作一种工具使小棍直立起来。因为幼儿之前已经积累了很多有关黏土的经验，所以他们看到了通过这一材料帮助他们实现目标的可能性。

探究也可能是纯粹的实验。这可能与幼儿探究这个世界是如何运作的这一问题有关。为了找出答案，幼儿经常会观察并通过实验来重复一个程序。比如，一个蹒跚学步的孩子可能对水槽里的水消失这一现象感兴趣，并会长时间地重复实验（如果成人允许的话）：打开水龙头、关掉水龙头、观察水槽下面，或者在玩水区玩上几个小时。再比如，学龄前儿童通常对文字和它的作用很好奇。他们感觉生活中到处充满文字，认识到它在世界上是非常重要的（因为大人们一直使用它）。于是，这些刚刚萌发了书写意识的"小书写家们"开始实验,想要了解怎样才能让大家理解自己的意图。因此,我们可以看到他们在纸上有意排列的涂鸦、符号、线条和图形。

此外，探究还包括回顾过去的经历。当我们学习新东西时，回顾过去的经历对我们所有人（包括成人和儿童）都有帮助。我们可以了解什么有用、什么无用以及为什么。当回顾自己游戏或活动的照片时，即使最年幼的孩子也会通过自己的口头语言或肢体语言做出反应。观看我们过去所做事情的照片，能够帮助我们思考发生了什么，让我们感到快乐的是什么，让我们感到沮丧的是什么，以及我们可能采取的应对措施。在观看照片时，与教师或语言表达能力更强的同伴交流，意味着幼儿需要努力清晰地描述所发生的事情。这将进一步引发幼儿进行更深入的思考，从而巩固他们的"临时理论"。

当我们思考以下这些支持幼儿探究的方法时，记住这样做的好处也很有帮助。

- 在早期教育环境中，游戏蕴含着探究。这意味着在一个高度重视游戏的环境中，探究已经存在，并且为我们提供了丰富的探索机会。因此，当我们支持幼儿探究时，我们不需要改变自己以往的教育理念，只需要更加"注意和回应"幼儿罢了。
- 对于那些开展生成课程的教师来说，探究是幼儿深度参与活动的自然结果。对于那些使用更多预设教案的教师来说，要寻找机会灵活调整教案，引入探究。
- 我们知道，幼儿生来就爱学习。在游戏和探究的过程中，幼儿可以学会如何学习。这与传统的教学方法完全不同。传统的自上而下的教学方法，即将教师视为知识的持有者和传授者，对于幼儿来说没有任何意义。

- 几乎任何技能都可以在探究活动中产生和得到改进。在探究活动中,每个幼儿都有机会根据自己的发展水平来学习问题解决、合作、读写、数学、科学、艺术表达等技能。我们不需要遵照既有的教案或者检核表,只需要跟随幼儿的想法,然后观察他们在探究过程中表现出来的技能和学习能力。有时,自然而然地会有一些机会让我们通过与幼儿一对一或小组合作来鹰架他们学习这些技能。
- 当幼儿在探究过程中学着应对难免出现的挑战时,他们不仅可以建立起自信心,还可以逐渐学会合作与思考。

游戏即探究

无论是孩童时还是长大成人后,我们在游戏的同时也在探索、思考和研究。我们会尝试各种各样的做事方式,并调整我们的方法。作为人类,我们在游戏中不断地探索新的想法和策略,并从中学习。更重要的是,我们乐在其中;而且正是因为游戏的趣味性,激发了我们继续游戏下去的动力。

《小游戏,大学问——教师在幼儿游戏中的作用》(The Play's the Thing-Teachers' Roles in Children's Play)一书的作者伊莉莎白·琼斯(Elizabeth Jones)和格蕾琴·雷诺兹(Gretchen Reynolds)描述了在游戏中发生的事情。

游戏高手擅长在自发的即兴戏剧游戏中象征性地再现他们的经历。他们有时单独一个人，有时与他人合作表演他们想象的故事或者日常生活事件。通过假装游戏，幼儿加深了对世界的理解，增强了语言和社交技能。经验丰富的幼儿教师会使这种游戏成为可能，并且帮助幼儿更好地玩这种游戏。

在一个名叫"游戏"的录像中，提倡让幼儿在日常生活中游戏的彼得·格雷博士和肯·罗宾逊爵士（Dr. Peter Gray & Sir Ken Robinson, 2015），提出了通过游戏发展幼儿的想象力的观点，并指出"天才似乎是那些在成年后仍能保持孩童般想象力的人"。

在与幼儿的日常互动中，我们能看到幼儿的想象力的魔力。我们常常能观察到幼儿沉浸在自己的游戏世界里，对周围的一切视而不见、听而不闻。同样，如果成年人允许自己像幼儿一样游戏，比如探索新的点子或方法，那么他们就会进入米哈里·契克森米哈赖（Mihaly Csikszentmihalyi）所说的"心流"状态，这是一种让人感到非常满足的状态，是一种既令人警觉又令人平静的状态（1996）。

哈诺·皮文（Hanoch Piven）是一个擅长使用日常物品进行有趣创作的艺术家。他在"TEDx 耶路撒冷"[①]的演讲《生活

[①] TED 是美国的一家私有的非营利机构，以其组织的 TED 大会著称。TED 大会的宗旨是"用思想的力量来改变世界"。TEDx 是 TED 的衍生项目，是一种本地化、自组织的活动。——译者注

在一个好玩的拼贴艺术里》（2012）指出："游戏会激发人的创造力，也有助于人们以不同的方式看待世界。"他将笔直的大道与好玩的小路进行比较，并指出："远离大道之后，我们可能会发现一些宝藏……好玩可能会让你犯错"，但是好玩也具有灵活性，允许你做出调整。

作为早期教育工作者，我们很幸运能够与这些具有灵活性、创造性特点的幼儿一起工作。幼儿在游戏中的表现启发我们：用开放的眼光才能看到所有的可能。幼儿对如何使用材料、如何应对挑战、如何实现自己的想法，几乎没有先入之见——他们只是沉浸其中，不断尝试他们的想法。当给他们提供一个支持性环境时，他们可以无所畏惧地进行探索。

在接下来的章节中，我们将探讨"环境"和"探究"这两个词语涉及的所有方面，以及这些方面如何影响我们的日常实践和师幼的合作学习。

如何使用本书

在第一章，我们将探讨物理环境与室内外游戏空间，以及它们对幼儿和成人的影响。这些空间属于我们所有人，我们将在这里一起思考、学习和合作。我们还将关注一些与众不同的、有趣的，并且鼓励幼儿进行探索和创造的材料。此外，时间和美学的作用也是我们将要探讨的内容。

第二章阐述了对冒险的看法。我们在努力保护幼儿的身心安全的同时，也要提供一个支持幼儿冒险的安全环境。我们将探讨失衡在日常实践中的作用，以及它给我们带来的益处。我们也会介绍丹麦的户外课程，不管在何种天气下，丹麦幼儿一天中的大部分时间都在户外活动。此外，我们还会列举一些北美国家中幼儿园的例子。

第三章谈到了能引发好奇和质疑的文化。我们将探讨我们对幼儿行为的好奇是如何丰富我们的实践的。我们将听到一些幼儿教育工作者是如何描述教师的好奇这一心智倾向的。我们如何从好奇心和质疑中生成课程呢？本章通过两个幼儿园的案例向我们展示了这一点。

第四章介绍了通过档案记录让思考看得见。档案记录是一种将探究、反思和实践有机结合起来的方式，非常便于读者阅读和理解。本章，我们将介绍来自中国、加拿大和美国的案例。

第五章探讨了支持教师成长的环境，这样的环境反过来又会影响幼儿。此外，我们还探讨了教师的专业学习。我们需要什么来帮助自己在探究式教育实践方面取得进步？需要什么样的支持系统？本章将为我们答疑解惑。

在第六章，我们将探讨支持关系建立的环境。这些不同的关系在我们的班级中会有哪些不同的影响呢？我们不仅研究人与人之间的关系，还研究人与物之间的关系。我们也将考察教室里可以让幼儿自由使用材料的各个区域。此外，在谈及家庭和社区时，我们还将探讨瑞吉欧·艾米利亚的艺术工作室以及档案记录的作用。

上述六章每一章的末尾都有一个名为"试一试"的板块，邀请你将本书的观点付诸实践。我希望通过这种形式，幼儿教育工作者能够迈入探究实践，既作为教师探索自己在班级中的不同作用,也能成为幼儿探索之旅的引路人。

第七章提供了三位教师在班级中支持幼儿进行探究的具体实例。这个案例很具有代表性,它向我们展示了新教师是如何彼此信任,并与幼儿一起进行深入而不同寻常的探究的。他们的深入反思和从中收获的深刻见解提醒我们,进入未知领域时的失衡是值得的!

最后,我们将提供一些总结性的观点,让你带着自信和好奇继续在探究之路上前行。

第一章　促进幼儿探究的物理环境

要想创建一个吸引教师与幼儿一起思考和合作的环境，首先需要考虑的是物理空间。在我们的行业中，这个空间通常并不完美，需要调整以适应幼儿的学习方式。即使是在一个专门创建的"理想化"的空间里，在投放物品之前，我们仍然需要考虑很多方面的问题。第一个问题就是：这个空间是为谁而建和做什么用的？这个问题看起来很容易回答，但是实际上许多空间都把成人的需求置于首位。

设想一下，把当前教室里的物品全部清空，然后重新设计环境。问自己以下几个问题：这个空间属于谁？怎么体现出来呢？关于这个空间如何使用，幼儿是否有自己的想法？如果他们还不能用语言表达，那么他们会用什么方式来表达呢？

幼儿和教师都是教室里的主角

如果你认为教室这个物理空间不仅属于成年人，也属于幼儿，即他们在这样的空间中都有权获得舒适感、自由感和效能感，那么你对环境的思考和随后采取的实际行动又会发生怎样的变化呢？这个空间将如何反映你的价值观、理念和幼儿的需求呢？

我有幸四次参与创建全新的教室环境。以下是我在这个过程中的收获：

- 时刻牢记你自己以及你所在机构的教育理念和目标。比如，你所秉持的一个教育理念是重视幼儿独立能力的培养，那么你将会创设怎样的环境呢？
- 充分利用现有的资源。比如，教室里某一区域的自然光线充足，那么你应该利用这种光线开展哪种游戏或者探究活动呢？
- 审视有关早期教育环境创设的"旧脚本"。如果你对即将加入这个班级的幼儿非常熟悉，那么你需要先问问自己这些幼儿需要什么。
- 对于儿童而言，是否有一个能让他们安静思考的空间？

什么是主角

在早期教育环境中，主角是指在学习活动中起积极作用的人。在以探究为基础、采用生成课程的早期教育环境中，主角包括幼儿、教师和家长。这个词语传达了这样一种思想：大家是平等的参与者，且幼儿是强大的、有能力的学习者。

在一个已经建设好的班级环境中，当幼儿游戏时，教师应该在一旁仔细地观察他们。这一点很重要。如果班级为幼儿提供了丰富的材料，那么教师应该观察幼儿实际操作材料的情况（并非我们想要他们做什么，或者

第一章 促进幼儿探究的物理环境　**17**

我们认为他们可能会做什么,而是幼儿实际做了什么),他们是如何从一个区域转换到另一个区域的,他们喜欢哪些材料或者活动,他们故意忽略哪些材料或者活动等。幼儿的这些行为告诉了我们什么?随着时间的推移,幼儿的行为会随着他们的成长、思维的发展和想法的变化而变化。但是,不管幼儿的想法多么离奇,重要的是,教师要一直密切地观察他们,及时调整环境布置,积极回应他们。

一些小朋友对小鸟和鸟巢表现出了持续的兴趣。一天,他们开始自发地统计教室外面喂鸟器上的小鸟数量。教师之前已经提供了"阅读篮"(即洗衣篮,可以让幼儿舒服地坐在里面阅读),现在他邀请孩子们舒舒服服地坐于里面从最佳的角度观察小鸟。幼儿全神贯注且安静地观察着,观察之后,他们进行了一场有关小鸟为什么喜欢这种喂食器的讨论,并且探究了鸟儿最喜欢的食物是什么。

我们需要谨慎使用"脚本"。在幼教领域，脚本是指人们对于"如何做某事或事情应该是怎样的"所广泛持有的观点。脚本本身存在的问题是它会过时，导致我们无法使用其他的视角或方法工作。因此，我们应该定期从新的视角看待我们的教室环境。

我们有时候很难做到这一点，因为受过去的学习、经历以及监管机构的考察标准的影响，我们的一些观念已经根深蒂固了。然而，我们仍然可以用全新的方式创造性地应对考察标准、达到要求。

意大利瑞吉欧·艾米利亚的幼儿教育工作者们就如何以不同的方式思考环境给我们提供了很多案例。比如，可以用轮胎来代替椅子或垫子开展小组活动，也可以用手推车来代替固定的"美术区"，这样幼儿就可以在教室的许多地方使用美术材料，还可以将户外露台作为一个极佳的扩展空间来放置开放性材料。

如果我们能冲破脚本的束缚，那么就可以创设一个灵活回应幼儿的、人人适用的教室环境。当我们在这样一个不同于以往的、有趣的、富有刺激性的环境中工作时，我们的工作就有可能发生改变，因为我

脚本是什么

脚本，指的是我们长期以来习惯化的做事方式，它存在于各行各业，影响着我们日常生活中的一切行为。比如，我们如何整理报告或者如何上下班。换句话说，脚本让我们的行为自动化，无须有意识地思考我们日常生活中所做的每一件小事。

同样，脚本也存在于教育中，并且影响很大。比如，通过职前培训，我们学会如何实施圆圈活动，如何提前安排好课程内容。然而，这些长期存在的脚本却没有描述幼儿的想法、心智倾向和能力。因此，当我们重新审视这些旧脚本时，我们可以问问自己为什么要采用这种实践并做出调整。当我们能真正倾听和观察幼儿并在这个基础上做出回应时，我们就能冲破旧脚本的束缚，开展更有吸引力和更有意义的实践（Stacey, 2011）。

们有可能采用不同的方式思考。

在《激发幼儿的学习兴趣的空间》(*Inspiring Spaces for Young Children*)一书中，作者探讨了在周围世界中寻找灵感的方法。

> 要想创建一间美丽的教室，首先，你必须知道如何寻找能激发你的兴趣、让你兴奋的东西。你的灵感可能是在参观附近的一家油漆店时获得的。看看油漆色卡，浏览一下有关颜色搭配的小册子，你可能就会对教室的面貌产生新的想法。或者，你在二手市场花50美分①买的刺绣精美的枕头上的配色给了你灵感。此外，你还可以试着翻阅有关家庭装修的图书……参观家居卖场或去画廊看看，去当地的托儿所或木材场度过阳光明媚的一天，去二手店逛逛……任何地方都可能激发你的灵感。(DeViney et al., 2010)

颜色的运用会影响教室的氛围，家具及其摆放位置也会影响教室的氛围。教室里的家具不一定要为幼儿量身定做，教师可以创造性地重复使用一些有趣的物品，比如，把一张旧桌子重新粉刷一遍，然后把它倒过来变成一张放洋娃娃的四柱小床，或者把它当作其他完全不同用途的物件。如果给幼儿机会，那么他们自己很可能成为这方面的行家！

正如下面这两张图片所展示的那样，这种创造性的方法既适用于室内环境，也适用于室外环境。

---

① 按目前的外汇汇率计算，1美元 ≈6.9人民币，50美分 ≈3.5人民币。——译者注

吸引幼儿积极操作的材料

当我们在教室里摆放家具和划分不同区域时,需要考虑以下实际问题:要能看见各区域的活动,室内的"交通"要畅通无阻,要提供最能满足这一年龄段幼儿探究需求的材料。我们应该有目的地选择材料,而不是习惯性地认为"幼儿园教室应该是什么样子"。

我们需要拓宽视野,思考所有年龄段的幼儿都想知道的事情,比如,世界是如何运作的?如何寻找答案?这个东西有什用?等等。当你与某些幼儿建立了密切的关系时,自然会有一些特别的探究活动或短暂的时刻,需要你用材料来回应幼儿。

但是,假如现在是九月刚开学,你对班里的幼儿还不太了解,那么哪些材料能吸引他们呢?这里有几个建议供你参考。

反映幼儿的生活和文化的材料

当幼儿步入你的班级时,他们如何判断出自己身处何处呢?除了可能出现在档案记录中的照片之外,还有哪些人工制品和材料反映了幼儿的文化、生活经历以及他们所在的社区呢?如今,我们已经习惯了教室中存在的多元文化,因此所有幼儿都应该在教室中看到能体现他们自己和他们文化的东西。

加拿大新斯科舍省的"普罗斯佩克特湾儿童中心"(Prospect Bay Children's Centre)坐落在一个渔业社区里,该中心的幼儿也都来自这个社区。该中心注重户外活动、与社区的联系以及环境教育。这些理念如何在幼儿的日常生活和游戏中体现出来呢?在该中心宽广的户外活动场地上,一艘小船嵌入其中,鼓励幼儿通过游戏再现家人的工作;木栅栏上有"窗户",以便幼儿可以看到广袤的森林以及生活在森林里的小动物;开放性材料(大部分是回收来的)极其丰富。在观察了幼儿与环境的互动后,我们很容易就能理解这个儿童中心的教育理念。

从简单到复杂的游戏材料

1969年，西比尔·克里切夫斯基（Sybil Kritchevsky）、伊丽莎白·普雷斯科特（Elizabeth Prescott）和李·沃林（Lee Walling）在《儿童环境规划》（*Planning Environments for Young Children*）一书中首次提出了简单材料和复杂材料的概念。在提及游戏材料时，他们描述了简单的单元、复杂的单元和超级单元这三个概念。最近，普雷斯科特（2008，p.35）再次从实践角度解释了这三个概念。

不同的游戏材料有不同的吸引力，即维持幼儿注意力的能力。我们把这个维度称为复杂性，并根据组合到一起的不同材料的数量对游戏单元进行了评定。一个简单的单元包括一种操作材料，一个复杂的单元包括两种不同的材料，一个超级单元包括三种不同的材料。

比如，一个沙堆就是一个简单的单元；加上挖沙子的工具，它就变成了一个复杂的单元；如果再加入水，它就变成了一个超级单元。再比如，橡皮泥本身是一个简单的单元；放上牙签，它就变成了一个复杂的单元；如果再添上饼干模具，它就是一个超级单元。

今天，当我们思考幼儿的游戏材料时，应牢记普雷斯科特等人在1969年提出的这个具有开创性意义的研究成果。我们要想一想，有多少材料可以让幼儿继续游戏、深入探索？或者，我们的大多数材料是否仅能够在一种类型的游戏或探究活动中使用？我们的幼儿有多大的可能性继续使用这样的材料？以下这个例子表明,当在观察幼儿游戏的过程中察觉到他们需要进行进一步探索时,教师是如何把一个简单的游戏材料单元变成复杂的游戏材料单元的。

幼儿正在玩积木,但他们只是简单地将积木堆叠成各种形状。他们在这方面已经很擅长了。因此,教师又提供了一些树枝供幼儿选择。于是,一些幼儿就把树枝摆放在了他们的建筑物周围。然而,当教师将胶带和线放到附近的架子上时,这个建筑物的附属物就变得更复杂了。接下来,幼儿进行了大量的实验:应该将什么与什么牢牢地固定在一起?能弄多高?复杂程度高的材料能帮助幼儿加深对建构知识的理解。不过,至于是否选用这些新材料则由幼儿自己决定。

开放性材料

在过去的几年中,开放性材料(loose parts)这一术语已成为幼儿教育领域的常用语。它指的是我们在生活中可能用到的所有零七八碎的东西(但也有可能被扔掉,即使它们对幼儿很有吸引力),包括自然材料、机械零部件、容器、各种类型的纽扣等。开放性材料是

培养创造力

发明和创造的程度,以及获得新发现的可能性,都与环境中的变量种类和数量成正比。

——西蒙·尼科尔森(Simon Nicholson)

在早期教育环境的创设中,这一点意味着什么呢?简单地说,幼儿和教师接触到的各种各样的开放性材料越多,他们越有可能创造性地使用这些材料。当然,时间也至关重要;幼儿和教师需要大量的时间来充分发掘材料的多种可能用途。

幼儿喜欢在室内玩雪。于是,教师提供了自然材料邀请幼儿把动物玩偶从一个地方弄到另一个地方。在这个探索的过程中,随着冰雪的融化,各种各样的问题和挑战都可能出现。

无穷的。

开放性材料所具有的一个最重要的特点是，它们适合任何水平的任何游戏；它们是幼儿伟大创意的催化剂，可以让幼儿开展大量的"以物代物"的游戏，即表征性游戏或象征性游戏。

下面，让我们来看看婴幼儿使用开放性材料的一些例子。

使用镜子后，任何探索材料的活动都会变得更丰富。比如，如果幼儿堆叠纸杯已经有一段时间了，那么他们在镜子上面或镜子前面观察他们堆叠的作品可能会推动他们进行更深入的探究，因为从另一个角度观察这些材料会激起幼儿对深度、高度、数量和距离的好奇。

第一章 促进幼儿探究的物理环境　　**27**

浴帘环、其他圆形物体以及纸巾架，为婴儿提供了一个探索开放性材料的机会。

看，好多开放性材料！在伦敦桥多功能厅（位于加拿大安大略省伦敦市的斯托尼布鲁克儿童学习中心内）的中央，摆放着大件开放性材料。在这里，幼儿有机会使用长纸板、管子、织物等进行大型探究活动。如果你所在的机构没有这样大的多功能厅，那么你可以把这些材料带到户外让幼儿探索。

随着时间的推移和幼儿兴趣的转变，探究活动变得具体而深入

在观察各个年龄段的儿童（从婴儿到小学低年级的儿童）后，我们发现，如果给他们提供大量的机会、有趣的材料和充足的玩耍时间，他们就能与材料、同伴进行更多的互动；在这个过程中，他们往往会把一时的想法变成一种长期的探究活动。你能注意到这是什么时候发生的吗？我们怎样才能知道这些材料的哪些方面真正吸引了幼儿呢？

下面这个例子阐述了一个简单的游戏如何变成一个复杂的游戏，进而发展成为更深入的探究活动的。

一天，一群幼儿在讨论了他们如何上学（乘坐轿车、步行、乘坐公共汽车等）以及他们在路上遇到的长时间的交通堵塞问题后，把话题自然而然地转到了他们居住在哪里以及他们的家是什么样子上面。听了幼儿的讨论后，教师鼓励他们画出他们是如何上学的、描绘他们的家以及运用材料搭建出他们居住的城市。随着时间的推移，不同的幼儿进行了不同的探究活动。幼儿探究的焦点也从关注他们的家拓展到关注街道的名字以及他们所在的社区和城市。在这个过程中，问题和想法也逐渐产生。比如，一个幼儿对住宅楼及其高度非常着迷，并试图用很多方式来表征它。伴随着幼儿的想法的改变，探究活动的内容也从一个转移到另一个。

第一章 促进幼儿探究的物理环境 29

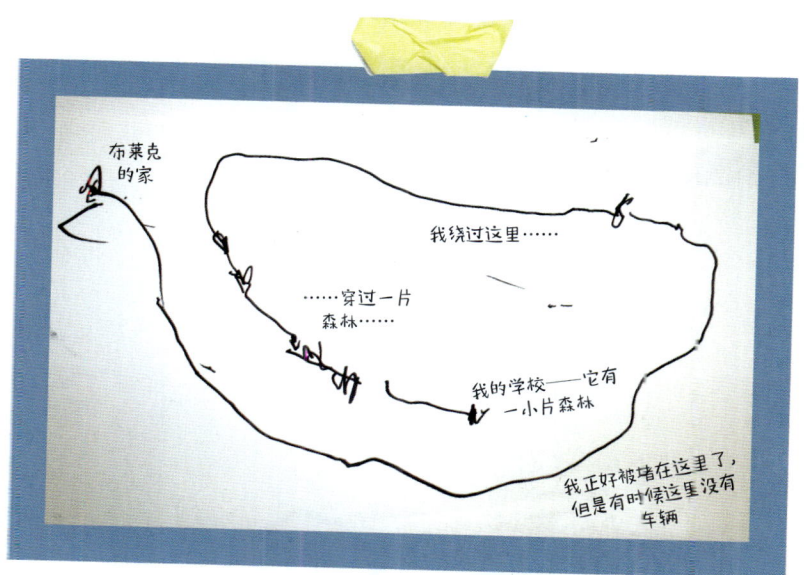

幼儿园探究性环境创设——让孩子成为热情主动的学习者

有意识且灵活地摆放和移动材料

当我们在教室里为幼儿提供了许多有趣的材料以供他们表达他们的想法时,我们如何让所有的材料摆放有序、便于幼儿取放以及既能实现我们的意图又能具有一定的灵活性呢?

要想让幼儿真正随意使用材料,我们必须让这些材料看得见且富有吸引力。教室里的存储空间通常很有限,所以我们必须打

由于盛放各种自然材料的篮子就放在低矮的架子上,所以幼儿很容易就能看到并取放材料。此外,支持幼儿当前探究活动的书籍也摆放在旁边。

赋予家具新的用途。比如,这个大橱柜,不仅可以作为一般的存储空间,还可以存放幼儿未完成的探究作品。

破思维定式,采用创造性的方法安放材料。同时,我们必须降低我们对整洁的要求。记住,当幼儿试图了解材料或表达自己的想法时,把材料弄得乱糟糟的通常是一种必需!

在这间教室里,教师把各种开放性材料摆放到一起,让幼儿可以在附近的开放式空间中连同积木一起使用。

材料也可以摆放得很漂亮。在这间小型工作室里,小物品被存放在透明的的广口瓶里,既能让幼儿看到,又便于他们取放。注意,架子上还有一些美术作品,能给予幼儿一些灵感。

充满吸引物和刺激物的环境

支持幼儿进行游戏探索的一个方法,就是根据我们对幼儿游戏的观察或者我们在幼儿游戏中听到的对话提供一个吸引物或刺激物。

吸引物和刺激物之间的区别

在北美洲,吸引物(invitation)和刺激物(provocation)这两个词语有时可以互换使用。我们也经常从瑞吉欧·艾米利亚学校的教育工作者口中听到"建议"(proposal)这个词。然而,在与经验丰富的同事进行多次交流之后,我认为在幼儿教育领域这三个词语还是存在细微的差别的。

比如,吸引物通常指的是能够引起幼儿兴趣的材料,而幼儿是否需要对材料做出回应则由幼儿自己决定。通常,教师会提供一个吸引物,以便了解是否需要进一步支持或者扩展幼儿的兴趣,或者是否需要开展更深入的探究活动(取决于幼儿的反应)。

刺激物,则是指更富有挑战性的材料或活动,即不同寻常的、发人深省的或令人费解的、引发幼儿做出探究反应的材料或者活动。当幼儿对一个想法或材料表现出深厚的兴趣时,教师通常会提供更富刺激性的材料或者活动,以推动探究活动的进一步深入。

"建议"一词在瑞吉欧教育中常被提到,是指教育工作者对幼儿提出的探索性建议,比如,"如果我们……,会怎样?"或者"在你看来,如果……,会发生什么"这为幼儿提供了一个可以表达想法和思考的窗口,并支持教师做出进一步回应。

在幼儿阅读了《不仅是一根木棍》(Not A Stick)这本书之后,教师把它和各种各样的小木棍放在建构区附近,吸引幼儿探索各种可能性。

也许,你并不确定这样做能保证幼儿进行更深入的探究。向幼儿提供一系列吸引或者刺激他们的材料并观察他们的反应,可以帮助你确定何时以及怎样支持一些幼儿进行全面而深入的探究(虽然偶尔全班幼儿或者一组幼儿同时对同一个点子或者探究活动感兴趣,但这种情况很少发生)。

新学期已经开学好几周了,中班幼儿一直沉迷于积木游戏,想弄明白"怎样使用积木进行搭建"。尽管有些幼儿已经5岁了,但是他们在积木游戏方面并没有多少经验。在这种情况下,看到幼儿把积木摆好并拼成一定的图案后,教师提供了一个具有挑战性的刺激物:一个在地板上用不透明胶带围成的正方形。有些幼儿对如何把积木刚好放到这个正方形里非常感兴趣,并且先后尝试了几种方法。尽管这项工作具有一定的难度和挑战性,但是幼儿充分享受其中,并且提升了自己的积木建构能力,让自己更能胜任之后的积木建构活动。

给予幼儿更多的时间：使用材料、回顾、重复和探究

有趣、迷人的材料能吸引幼儿。接下来，幼儿就需要充足的时间来使用材料，探索材料的所有可能性，验证他们的想法，并一遍又一遍地重复这些行为，直到他们满意且准备继续探究为止。

如果给予幼儿足够多的时间，那么他们也将注意到其他小朋友正在用材料做什么，并有可能做出以下反应。

- 受其他小朋友行为的启发，尝试做同样的事情。
- 某个时刻突然顿悟，想到用相同的材料做不同的事情。
- 可能会充满好奇地问其他小朋友一些问题，比如，"你是怎么做到的？""你是怎么使用材料的？"
- 从其他小朋友那里学到了一些新知识或者被其他小朋友重新激发了热情后，继续之前放弃的探究活动。

当幼儿观察同伴游戏的时候，强烈建议教育工作者留意正在发生的事情，并用简短的文字或照片记录下来，为之后和幼儿一起回顾活动或者和同事一起思考活动提供有用的素材。

从教师的角度看，给予幼儿充足且灵活的时间意味着不要打扰正在进行探索的幼儿，即使时间表已经提示"应该"开始下一个活动了。在制订一日活动时间表时，我们往往从教师的视角出发，而不是从还没有时间概念的幼儿的视角出发。为幼儿提供比

较长的游戏时间和灵活的一日活动时间安排（同样有活动的先后顺序）意味着幼儿有充足的时间发现材料能做什么，以及如何使用材料实现自己的想法。

美丽的环境是什么样子的

美丽的环境吸引着我们，在某些情况下，使我们兴奋，产生灵感，甚至引发我们沉思。那么，在早期教育环境中，美究竟是什么呢？一想到美丽的早期教育环境，我们的脑海中浮现出来的通常是干净整洁且拥有充足的存储空间和光线的环境。然而，空间的整洁只是成人的期待。为了便于幼儿操作材料，我们努力把材料摆放得整齐有序，但是幼儿其实不需要这种可以达到拍照程度的整洁效果。我们应该问问自己："对于幼儿来说，美是什么？"实际上，我们更应该问问幼儿这个问题。他们的回答可能令人惊讶、发人深思。来自不同国家和文化的幼儿，甚至来自同一家庭中的不同幼儿，会给出不同的答案！

以下是一些幼儿对"什么使事物变得美丽"这一问题的回答。在卡耐基梅隆大学西尔特早期教育中心，一群三四岁的幼儿和他们的老师花了很长时间来探索这个问题（Johns & Kemp, 2017）。起初，幼儿想在教室的一扇门上画一个画廊，之后他们打算"创造一些美丽而持久的东西"（p. 33）。通过与幼儿一起交谈、观察和反思，教师发现"事物是否美丽，取决于形式、颜色、形状、功能等美学元素"（p. 38）。幼儿注意到声音可能是美丽的，气味也可能是美丽的。随着时间的推移，教师们清楚地了解到，幼儿认为美是多感官的。

在英国的马德利幼儿园，教师对细节的关注让我们抬头看到了柔和的灯光映照下的有趣的材料。

在马德利幼儿园的这间教室里，由光和影组成的复杂材料紧邻幼儿熟悉的积木，既营造了一种美感，又提供了无限的可能性。

与环境建立关系

"与环境建立关系",对于我们人类来说意味着什么呢?当我们考虑与其他人建立关系时,我们可能通过互动和行动来实现,也可能通过在生活上和情感上关心他们来实现。我们人类以多种方式彼此沟通,其中很多是非语言的方式。

以看到在瑞吉欧·艾米利亚的戴安娜学校里，它的"一日生活"是怎样的。从一日活动流程、材料和各种互动中，你可以清晰地了解该校所秉持的教育观。

认知失衡的作用

当我在美国的太平洋橡树学院（Pacific Oaks College）攻读硕士学位时，我的老师们从一开始就告诉我，失衡是件好事！老师们这么说是什么意思呢？为什么他们如此重视失衡——那种不舒服和不确定的感觉？那时，格雷琴·雷诺兹博士在太平洋橡树学院任教。2017年在与她的一次私人通信中，她指出，失衡能提供潜在的可能性。

我的第一个教学职位是在美国新泽西州一所市中心的学校教授一年级学生。我所在的班级和另外一个一年级班级共用一个衣帽间。我们这两个班级一直采用的是传统的教学方法。由于教师这一职业的责任和性质，教师通常被认为是有权威、很厉害以及值得尊敬和信任的人。所以，我害怕犯错……哪怕是一点小错。毕竟，我要维护前辈以及有多年工作经验同事的声誉。

这一年充满了担忧、泪水、起起落落和超负荷工作。这一年，班里的一只"雄豚鼠"生了两只小幼崽。此外，我还得面对多位焦虑的家长。我尝试把教室变成一个有趣的地方。比如，我重新排列了座位，让4个或

6个学生一桌；为学生的阅读和写作活动提供了优美的诗歌；添加了剪刀、蜡笔、糨糊和白纸来代替一摞摞涂色纸。此外，我还经常去当地的图书馆借阅高质量的儿童文学作品……但是，教室里时不时还是会闹哄哄的。因为当我要求学生每天抽出一部分时间进行一些简单的、开放性的活动时，他们和父母都不知道该怎么办。但是，当我在某个周一把三大箱子硬木块（我和父亲在他的地下室用两三个周末的时间一起测量、切割、打磨出来的）拖到教室里时，情况发生了变化。学生在完成"桌面工作"后，被这些木块吸引了。

我在这一年的最大收获就是学会了冒险，允许自己向学生学习而不仅仅是向同行学习。当学生自主活动、做决策、玩拼图、玩棋盘游戏、绘画、拼搭积木时，我观察、注意、倾听他们，并做了大量的笔记。观察学生并向学生学习，让我对如何设计出能吸引他们的活动和课程有了许多思路。我意识到，一开始的时候我可能不知道活动会带来什么样的结果，但是学生的反应是衡量一个活动成功与否的标准。

皮亚杰的认知发展理论和"失衡"概念给我提供了支撑。失衡虽然会让我们产生不适感，但是我们只能耐心等待它消失。失衡是一个边缘和临界点，介于同化（保持现状）和顺应之间，最终到达一个新的、有意义的状态或者更高的水平。失衡会让我们内心感到不舒服和紧张，但是失衡也给我们带来各种可能性。

传统的教学活动具有可预测性，而可预测性是失衡的对立面。教室里，什么会让你感到失衡？开放性活动可怕吗？封闭性活动是安全的，其活动结果是确定的（通常是限定的）。开放性活动的结果则是活动开展后呈现出来的，而不是活动之前就确定好的。当学生操作开放性材料、探索森林、讨论户外游戏规则以及和同伴互动时，一个擅长观察的教师可以通过观察学生和倾听他们的思考来识别学生的学习与发展情况。

以撰写有关幼儿园教学的文章而闻名的芝加哥大学（University of Chicago）实验学校的薇薇安·古辛·佩利（Vivian Gussin Paley）认为，幼儿的认知失衡是教学有效性的一种体现。其中一个故事是她问幼儿："我们的哪样东西更多？是花生酱和果酱三明治，还是果酱三明治？"显然，幼儿没有明白她的意思，只是茫然地看着她。"困惑（无论是我的困惑还是幼儿的困惑）和明白一样，都是一种自然的状态。面对困惑，人们的自然反应是不断尝试将已知和未知联系起来。所以，我们必须怀着好奇心和极大的关切去倾听幼儿。"（1986，p. 131）

在幼儿园，失衡对我们和幼儿的日常生活有什么影响呢？在采用探究式生成课程的早期教育环境中，你需要接纳的一种最重要的感受就是不确定性。你不确定的是什么呢？那些已经实施了探究式教学的幼儿教师把他们最初经历的一些挣扎告诉了我。

- 我们应该追随幼儿的哪个探究活动或者兴趣点呢？
  幼儿可能同时有很多想法冒出来！相信你自己的判

断。幼儿是否表现出深度探究的热情？幼儿是否表现出兴奋之情？幼儿对材料是否表现出热爱？如果你不是很确定，那么你可以尝试提供一个吸引物以了解更多。你还可以与同事讨论他们注意到的现象以及他们的理解。

- 如果只有两三个幼儿参与这项探究活动怎么办？这也是可以的。在为幼儿提供了材料后，班级几位教师可以分工，同时追踪幼儿的多个探究活动，观察他们并根据活动进展提供适宜的材料。
- 我们应该提供哪类材料？到了各类开放性材料发挥其神奇作用的时候了。开放性材料可以成为幼儿想让它们成为的任何东西，并且不会增加班级的经费开支。此外，我们还知道幼儿经常提出不同寻常的探究主题，如洞穴、巧克力、被子、净化污水等。针对幼儿的这些探究主题，我们提供的材料不能是买来的，必须是找来的，同时幼儿要很容易使用它们。

不确定性可能会让一些幼儿教育工作者产生不适感。当我们观察幼儿并解读他们行为的意义时，我们并不能百分之百地肯定自己是正确的，这也没关系。我们要接受这种不确定性以及随之而来的不安，并且因此提出问题，然后试着和幼儿一起探究这些问题，在学习之路上并肩前行。

当我们在一个以探究为主、以游戏为基本活动的环境中工作时，随着时间的推移，我们会越来越轻松地面对失衡状态。事实上，在这种环境中工作的大多数幼儿教师会发现，失衡是一件令人无比兴奋的事情。当幼儿做了一些出乎意料的事情，或者问了一些我们意想不到的问题时，我们就会像侦探一样，想找到答案，想弄清楚如何帮助幼儿，还有什么需要注意的事项，等等。这让我们在工作中充满活力，因为我们和幼儿正在开启好奇之旅，而这种好奇又激发了我们对工作的热情。

虽然采用新的教学方法或思维方式会让我们产生认知失衡，但是大多数时候是幼儿的问题或探究话题让我们感到不适应，挑战我们的智慧，让我们对是否追随幼儿的探究兴趣产生怀疑（关于冒险的话题和探究活动的示例，请参阅第七章的内容）。

幼儿用新颖的或"冒险的"方式使用材料

有时候，幼儿使用材料的方式会让我们感到不舒服。虽然我们的重要职责之一是保护幼儿的身心安全，但是有时候我们阻止幼儿用新的方式使用材料，只是因为我们觉得这些方式不常见。我们必须对此进行反思。到底是什么让我们感到不安呢？我们自己过去的什么经历导致了这种不安呢？我们自己曾经尝试做过幼儿正在做的事情吗？我们对幼儿试验材料的容忍度是怎样的？最重要的是，我们能看到幼儿按照这种方式使用材料的价值吗？或者我们能看到幼儿在这个过程中的学习吗？有哪些可能性？

让我们来看看一些材料的新颖使用方式。

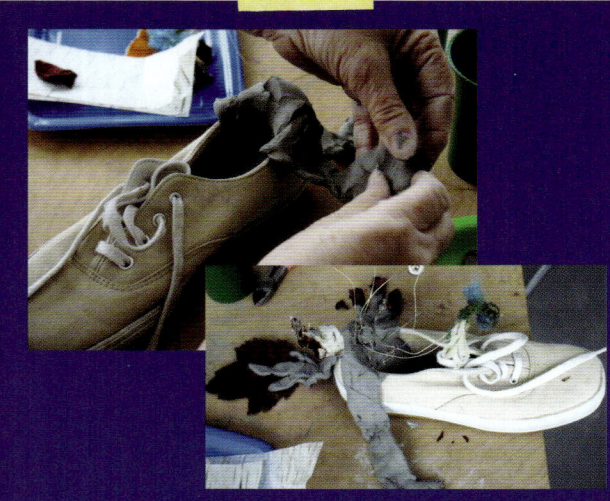

当幼儿开始在美工坊以各种不同的方式进行雕刻活动时,教师为他们提供了富有弹性的网子。教师想,也许幼儿会把网子作为可塑材料(如黏土)的支撑。令教师感到惊讶的是,一个幼儿(经过一番摆弄之后)发现可以把网子折成两半。这使他联想到了书籍,因此,他创作了故事和插图。虽然这与教师投放网子的意图完全不同,但它仍然是有价值的、吸引人的。教师可以接着问一些问题,比如:"是什么组成了一本书?"

当教师们有类似的机会去探索不同寻常的或对他们来说新鲜的材料时,大量的学习就发生了,而且他们因为以新的方式使用材料而产生的不安也可能就此减弱。上图,在一个关于开放性材料和材料在环境中的作用的研讨会上,一位幼儿教师对一只旧运动鞋和黏土进行了探究。可能会发生什么事?她正在想什么?在这样的研讨会上反思这些问题,有助于教师更深入地思考幼儿做的不寻常的事情。

第二章 支持冒险性思维的环境   **49**

走到户外，去森林探险

森林学校，有时也被称为自然学校或户外教室，已经成为早期教育实践的一部分。它既让我们有机会思考我们对儿童的思维特点、环境、探究和风险的看法，也让我们有机会将创新思想延伸到户外。

无论我们如何称呼森林学校以及课程，它们都有一些共同的特点：

- 一般来说，一天中的大部分时间或至少其中很大一部分时间，幼儿是在户外自然

环境中度过的。无论这个户外自然环境是一片田地、一片森林还是一个农场，它都被认为是一个重要的学习环境，值得珍视。通常，它也是森林学校最主要的学习环境。除非出现极恶劣的寒风天气，否则是无法阻挡幼儿的。家长们都知道孩子会去户外活动，所以会为他们穿上厚衣服。一些机构（如加拿大新斯科舍省的森林幼儿园）会为幼儿提供户外装备，大自然则为幼儿提供了探究的材料。

- 世界各地的许多幼儿教育机构并没有森林这样的环境，因此幼儿教育工作者就将传统的户外活动场地进行了自然化改造。他们没有购买现成的设备，而是铺设了草坪，修建了斜坡和隧道，投放了树干和很多开放性材料。这些材料不仅比大型攀爬架便宜，还让幼儿有更多的机会（其中很多对幼儿来说是新奇的）进行探究活动和冒险性游戏。比如，在摇晃的平板上保持平衡，寻找生活在地下的昆虫，在不寻常的地方发现水并探究它是如何到达那里的，等等。

- 在这样的环境中，探究活动自然而然地发生。根据苏格兰自然幼儿园和森林学校的长期倡导者、实践者克莱尔·沃登（Claire Warden）的观点，"可供性是高度动态的，不同的特征、元素和材料在不同的场合为不同的幼儿提供不同的游戏活动。每一天都是不同的，自然界中的湿度、温度、光线一直在不断地变化，从而激发幼儿产生新的想法和视角"（2012，p.71）。

在一些国家中，森林学校并不是什么新鲜事物；它已经深深地植根于其文化中。尤其是在早期教育领域，比如丹麦。我们可以从丹麦的森林学校实践中了解很多关于户外探究和风险管理的经验。

> **什么是可供性**
>
> 沃登所指的可供性，是指"环境的物理属性与个人的兴趣、想法、意图相互作用而出现的探究机会"。可供性来源于个人的主动察觉：人在感知和移动时，观察和行动也同时发生（2012，p. 70）。

简·威廉斯-西格弗雷德森（Jane Williams-Siegfredsen，2017，p. 65）在她的《解读丹麦森林学校的教育方法》（*Understanding the Danish Forest School Approach*）一书中向我们概述了丹麦的早期教育课程。

2004年，丹麦政府为早期教育课程立法，要求每个早教机构必须制订涵盖以下六个学习领域的课程计划：

1. 儿童的个体全面发展
2. 社会性发展
3. 语言
4. 身体和运动
5. 自然和自然现象
6. 文化表达和价值观

在这六个领域中，教师应该促进幼儿的四种学习过程："掌握""体验""享受"和"理解"。

我们从以上概述中可以获悉，丹麦的早期教育课程为幼儿提供了通过亲身体验获得理解的探究空间，最重要的是能够让幼儿享受探究的过程。

在丹麦的森林学校中，户外探究过程是如何展开的呢？在森林里，幼儿每天都会注意到这个熟悉的环境所发生的变化，有的是季节性的，有的是人为的；所有这些都为幼儿提供了探究机会。与大多数支持幼儿探究的机构一样，教师在森林学校中的作用是倾听、鼓励和支持幼儿。随着时间的推移，幼儿逐渐建构起对户外世界的认识，当然，疑问也同时产生。这些问题有时来自幼儿天生的好奇心，有时来自幼儿的误解，有时来自一个真正的谜题。比如，当幼儿发现了一张蛇皮时，他可能会问："蛇没有皮怎么活呢？"当然，这也为教师和幼儿一起进行进一步探究提供了机会（Williams-Siegfredsen，2017）。

一个北美洲户外活动环境的示例：布里奇沃特的"小小世界学习中心"

"小小世界学习中心"（Small World Learning Center）位于加拿大新斯科舍省的布里奇沃特。该中心秉持的一个教育理念是，户外同样是幼儿游戏和学习的空间。受瑞吉欧·艾米利亚教育理念的启发，该中心选择了很多能反映户外和社区的材料并把它们投放到室内。此外，全年不管晴天、雨天还是雪天，幼儿都一直在户外活动。

在被森林环抱着的这个学习中心里，幼儿可以利用自然条件进行探索，搭建城堡。以下图片展示了该中心的幼儿经常在户外开展的几类工作和游戏。

第二章　支持冒险性思维的环境　　**53**

在树林里，幼儿拥有大量的开放性材料可以玩，包括一些轮胎和旧木板。图片中，幼儿利用这些材料创建了一个可以临时坐一坐的区域。

幼儿喜欢围起来的空间，而建造一个可以围起来的空间并藏在里面可以成为幼儿的一种图式行为。图片中，植物的种子发芽、长大，慢慢形成一个可以为两三个幼儿提供独处的、阴凉的舒适空间。

围栏里，泥厨房的设置促进了幼儿的感官活动和戏剧游戏的开展。这里，材料随着幼儿想法的变化而变化，因此探究活动很容易在这里发生。

艺术创作可以在任何地方发生。图片中,"画架"被张贴在围栏上,激发了幼儿在户外绘画和创作的灵感。斑驳的光线融入了幼儿的艺术作品,因为他们就在阴影下创作。

在加拿大新斯科舍省哈蒙兹平原的森林幼儿园里,幼儿大部分时间都在森林里度过,有时甚至在森林里进餐和午睡。由于所处地区不可预测的沿海气候,这所幼儿园知道家长可能为孩子穿衣服的问题犯难,因此为幼儿提供了雨衣、鲜艳的马甲和大沿的遮阳帽。配备全部到位花了几年时间,但这一切努力都是值得的,因为无论在何种天气下,幼儿都可以进行游戏化探究了。

第二章 支持冒险性思维的环境

这些座位是由一位家长使用电锯制作而成的。由于座位大小、高矮不一，因此即使最年幼的儿童也可以坐上去。

你允许幼儿使用树枝和木棍吗？如果允许，你会限制树枝和木棍的长度吗？有时，教育工作者会担心幼儿使用树枝有危险。然而，在使用这些树枝时，如果告诉幼儿正确的使用方法，并且附近有成人监管的话，那么幼儿是没有危险的，并且能想到无数的使用方式。在这里，幼儿正把他们在森林里找到的长树枝拖到搭建的地方，以建造一个栖身之地。对于幼儿来说，他们搭建的结构迷人且令人难忘。教育工作者目睹后可能会想起自己在童年时代也从事过类似的活动。

什么是图式

当我们与幼儿密切合作并仔细观察他们时,我们就会注意到他们一遍又一遍地重复做一些事情。比如,把物品埋起来,把材料运来运去,从各种台子上跳下来等。幼儿被这些游戏活动深深地吸引住了。我们可能会疑惑:"这些孩子在做什么或想发现什么呢?""为什么这个活动这么吸引他们?"

皮亚杰最先使用"图式"这个术语来描述一种组织信息和理解事物的方式。现在,教育工作者用这个术语来指代"幼儿为了探索和了解他所在的环境而重复采用的一种行为模式……一个幼儿可能同时对一个或多个图式感兴趣。一个图式可能连接着另一个图式"(Thornhill, 2015, p.6)。

当我们对幼儿正在做什么以及他们为什么这么做感到困惑时,我们就可以使用图式来解释,帮助我们进一步理解幼儿的行为以及提升支持幼儿的能力。我们可以将图式视为进行反思和理解幼儿的一种方式。

以下是你在幼儿游戏中可能看到的一些图式:连接、轨迹、封闭/包裹、动态垂直、旋转、穿越障碍、运输、排序/定位、转换、动态水平、定向/视角(Stacey, 2018)。

户外活动通常伴随着风险,但风险在任何地方和任何时刻都存在,它是生活的一部分。一些幼儿教师可能会觉得,当幼儿处于一些大的自然空间里时会比较难控制。也许是这种未知令幼儿教师不安。然而,在这个肥胖很普遍以及成人和幼儿都很少进行身体锻炼的时代,我们更应该让幼儿审视自己对户外活动的看法,通过阅读、讨论和走到户外等方式进行更多的学习,并且尝试一些简单的户外探索活动。我们不必花很长时间去观察就能了解,幼儿在户外活动中如鱼得水。随着时间的推移,我们都能学会如何让幼儿安全地进行户外活动,如何让户外活动成为他们日常生活的一部分。

这里,让我们再次看看沃登是怎么说的,她用非常简洁的方式描述了自己对于风险的看法,而她的看法与我的不谋而合。

> 成人在对可能导致危险的隐患进行判断的同时,也必须分析它们可能给幼儿带来什么益处。对于幼儿需要也想要进行的所有活动,我们需要对利益和风险进行分析与权衡。(2012,p.109)

当然,我们希望在保护幼儿安全的基础上,让他们有最佳的机会去探究和学习。我们需要记住一点,即这些幼儿对我们来说并不是陌生人,他们和我们有密切的关系。因此,我们了解他们的独特能力和判断力。比如,在允许幼儿攀爬的情况下,当他们在攀爬过程中感觉到不安全时,他们自然就会停止攀爬。这时,我们可以问问幼儿:"你感觉安全吗?"如果答案是否定的,那么这对于幼儿来说就是一个学习的机会。我们可以接着追问:"当你感觉不安全时,你怎么从高处成功地爬下来呢?"我们还可以问问自己:"我们该如何鹰架他们的这次学习?"最好是让幼儿学会处理生活中可能出现的一些危险,以免他们面对危险时毫无招架之力。我们要保护幼儿,但也要帮助他们学会应对一些情形,让他们在获得自信的同时为未来的生活做好准备。

无论在室内还是在室外,我们都要对幼儿的行为做出灵活的回应,乐于接受各种不同的观点和视角,了解各种不同的教育理念和学习方法。我们只有具备这样的灵活性,才能促使幼儿采用创新的方式不断探究。不过,我们也需要找到合适的方法让这些探究发生。

学会说"好的"

劳雷尔·法因斯是加拿大安大略省一位经验丰富的幼儿教师,近几年来一直致力于探究式生成课程的研究。以下是她对幼儿的想法说"好的"的经验。

我现在会有意识地对幼儿说"好的",而几年前我会说"不可以",比如,不可以攀爬围栏,不可以使用剪刀剪比硬纸板还厚的材料,不可以在玩水桌的外面倒水,不可以在开放性材料和橡皮泥所在区域以外的地方使用它们。我并不是说我总是对幼儿说"好的",而是以我对当时情况(幼儿、材料、情境)的了解作为依据来做出回应,并努力记住这一点,即让幼儿从风险中吸取

教训。有时候我并不说"好的"或者"不可以"，而是把问题交给幼儿。（2014）

劳雷尔提出了一个重要观点，即当我们与幼儿建立密切的关系并尊重他们的能力时，我们就知道什么时候可以说"好的'，即使幼儿的想法不同寻常，甚至听起来有点冒险。这种关系，而非只有不可更改的规则，是我们制定决策的基础。尽管我们必须严格遵守幼儿园的规定，但还是会有一些灵活调整的空间。

劳雷尔接着说：

我希望向大家（无论是家长还是幼儿教育工作者）传递的一个重要观点是，幼儿学习的方向需要我们与幼儿进行协商。这意味着我们需要不断改变计划，调整活动区和材料以支持新的学习方向，并且当幼儿提出更好的想法时，我们就应该以幼儿的想法为重，放弃我们自己的想法。正是因为我自己的教学实践的改变，包括从日程表中删除"必须做"的活动，对于有多少人可以在一个区域游戏、如何使用玩具等放宽限制，等等，产生了比其他任何改变都大的影响。换句话说，我一直试图避免对幼儿的想法说"不可以"，即便它们听起来不合常理。一旦幼儿知道了班级的基本规则（尊重学习者和学习环境），他们就能在每天的游戏和学习时间自己做出很多选择，而不会听到教师说"不可以"或"停止"。

……当教室中充满热情的学习者时，一个很棒的地方就是：当幼儿跟随自己的兴趣探索并且发展了社交和情感技能来指导自己的学习时，我就能够从一个区域转到另一个区域，或者坐下来享受参与其中的乐趣。（2014）

劳雷尔的教育理念和实践——了解幼儿，理解幼儿的社交技能以及制定一些基本规则让幼儿遵守——有助于幼儿自己开展游戏和探究活动，使他们能够做出安全且合理的决定。通常情况下，在一个材料丰富且幼儿也参与维护的环境中，教师可以坐下来观察、倾听和记笔记，这将会为他们未来的教学决策提供指导。

教师的好奇心不仅可以让幼儿受益，还可以让自己受益。为什么好奇心是教育者的一个重要品质？我们将在第三章中探讨这一点。在第三章，我们将研究引发师幼好奇和质疑的环境。

试一试

1. 反思一下你是否具有冒险性思维。你能打破旧有的习惯，以新的方式思考班级常规、活动和环境吗？如果不能，是什么妨碍了你？你可以采取哪些措施来帮助你探究新的方法？
2. 运用批判性思维反思你的教学实践。思考一日生活中的某一活动：为什么会有这个活动？你的意图是什么？什么有效？什么没效？

3. 在教职工会议或团队会议中，大家一起探索材料，使用不同寻常的方法将材料进行组合。举例来说，如何将电线、树叶和黏土组合到一起？如何将水、镜子和石头组合到一起？讨论之后，你可能会有新的发现。这对你的教学实践有何影响呢？

4. 审视一下你是如何利用室外空间的。走到室外，忽略场地上已有的设施。如果把设施移走，那么还有些什么？只有自然环境后，你会做些什么呢？幼儿会发现什么呢？

第三章　引发师幼好奇和质疑的环境

"对于所有参与者来说，问题是让大家真正建立联系的桥梁。"这句话引自我与意大利瑞吉欧·艾米利亚的伊克巴尔·米斯巴学校（Iqbal Misbah school）的教师之间的对话，它引起了我的强烈共鸣。我想知道我们当中有多少人把时间花在解答有关幼儿及其行为的问题上面，而不是问问有哪些问题。如果在一种鼓励大家提出疑问的环境中工作，同时我们对幼儿的言行充满好奇，那么我们的生活将发生怎样的变化呢？

我认为，这种观点对于一些幼儿教育工作者来说是非常新鲜的，同时开阔了他们的视野。事实上，在与实习教师以及经验丰富的教师的合作中，我经常发现他们很难对幼儿正在做的事情提出疑问。我们怎样才能对幼儿的行为及其意义产生好奇呢？为什么好奇心是教师的一种重要品质呢？好奇心在探究式课程中有什么作用呢？本章，我们将听听幼儿教师和管理者是怎么说的。这些管理者不仅认识到培养幼儿的好奇心的重要性并按照幼儿的天性培养他们，还珍视并采取措施培养教师的好奇心。

首先，好奇心到底是什么呢？如何定义它呢？美国宇航员尤金·塞尔南（Eugene Cernan）是这样描述它的：

好奇心是人类存在的本质。我们是谁？我们在哪里？我们将去往哪里？我不知道。对于这些问题，我没有答案。我不知道拐角处有什么，但是我想知道。

因此，好奇心可以被定义为想要学习和了解任何事物的愿望，而幼儿和许多成人都充满了好奇心。

幼儿的好奇心

我们认为幼儿天生具有好奇心。他们还是婴儿时就睁大眼睛想知道篱笆外面有什么，拐角处或岩石下面有什么。他们想要找到答案。一旦能够行走，他们就开始不断地探索，想要更多地了解这个世界。

我们在前面的章节中已经论述了一个丰富多彩的、充满吸引力的、拥有开放性材料的环境是如何促进幼儿好奇心的发展，进而支持他们探究的。这里有另一个问题，即教师自己的行为和心智倾向是如何激发幼儿的好奇心的呢？在加拿大安大略省伦敦市的伦敦桥儿童服务中心，管理者们对教师的这种心智倾向进行了深入思考。他们认为在他们的机构中，好奇心是非常重要的。以下是他们的一些看法。

在伦敦桥儿童服务中心，我们的使命宣言是"我们要培养好奇心和善良的心灵"。

一个培养好奇心的环境是怎样的呢？以下是我们

的一些理解。

拥抱未知

问答案未知的问题会引发热烈的讨论，有利于参与者分享各种观点。在未知的世界中徘徊，让我们渴望了解更多；而当我们与他人找到答案时，往往会感到兴奋不已。未知，促使我们打破固有的思维，思考可以从现有的理论、研究以及实践中学到什么。没有好奇心，我们注定只能获得既定的结果。

关系是关键

关系是我们所做的一切事情的核心。当我们与他人建立关系时，好奇心自然就出现了。在好奇心的驱使下，我们开始想要更好地认识和了解他人，想知道他们是谁、他们正在想什么。对彼此充满好奇，既让我们避免通过猜想来随意做出判断，也让我们在发生冲突时进行对话与沟通，专注于寻找解决问题的最佳方案。当我们深入探讨有关价值观和偏见的问题时，我们可能会受伤；在学习和成长过程中，我们需要善待自己。

认识自己

这就要求我们要研究自己，通过向自己提问来了解我们的影响力、改善我们的教育实践。认识自己意味着要了解我们到底是谁、我们喜欢什么、我们不喜欢什么以及我们正在想什么。我们需要了解那些能够吸引我们的注意力的时刻。通过质疑我们所确定的东西，我们可以扩展自己对幼儿教师这一角色的看法。养成自我反思的习惯是很重要的，我们每天都要花点时间思考自己的想法。

意向明确

　　意向明确是指我们知道自己想要什么并有意识地采取措施来实现目标。我们想办法挤出时间，通过团队会议、专业学习研讨会等形式把大家聚集到一起开展跨园区的对话。这种像思维镜头般的思考形式，有助于我们反思，并指导我们在课堂上做出适宜的反应。这种意向性的思维方式推动着我们的思维和实践的发展。

经常改变

　　当我们遇到新的观点并引发新的思考时，我们的理解力会随之提高。我们的工作是"动态的"，这就要求我们持开放性态度。我们要允许自己放弃当前的想法，学会接受变化并重新思考现状。

向幼儿学习

　　幼儿天生具有好奇心，拥有为学习而生的大脑。他们对世界的浓厚兴趣让人振奋，我们视他们为我们的老师。他们对事物没有先入为主的想法，所以他们质疑一切。他们教我们跳出怎样做以及为什么这样做的固有思维模式。我们很幸运跟这些最年轻的公民们在一起工作，他们提醒我们每天都要充满好奇。

　　上述紧跟使命宣言所阐述的观点进一步解释了伦敦桥儿童服务中心在实践中是怎样做的。伦敦桥儿童服务中心的使命宣言和观点令人印象深刻，因为它们强调的是一种存在方式，而不是该中心的幼儿教师应该如何"努力实现什么"的问题。我们知道，当教师的存在方式和行为得到支持时，他们就不需要对班级活动做硬性的要求了。相反，对幼儿正在做什么以及他们为什么以这种方式做事的好奇，推动了教师创造性思维的形成，进而使课程内容丰富且积极回应幼儿的兴趣。虽然所有有执照的托幼中心和幼儿园都有必须遵照的标准，但是开展探究式教学同样可以达到这些标准。注意和认识到我们是如何达到这些标准的，是探究的重要内容。许多儿童早期教育培训机构把时间花在"注意和认识"到发生了什么事上面，在北美洲，许多专业性学习也侧重于这一方面。

　　从伦敦桥儿童服务中心的运作方式来看，以下几点对我来说尤其值得一提。

- "关系是我们所做的一切事情的核心。当我们与他人建立关系时，好奇心自然就出现了。在好奇心的驱使下，我们开始想要更好地认识和了解他人，想知道他们是谁、他们正在想什么。对彼此充满好奇，既让我们避免通过猜想来随意做出判断，也让我们在发生冲突时进行对话与沟通，专注于寻找解决问题的最佳方案。当我们深入探讨有关价值观和偏见的问题时，我们可能会受伤；在学习和成长的过程中，我们需要善待自己。"幼儿教师这种对彼此好奇的态度——我们是谁，我们代表什么——能让我们更好地了解如何回应和做出决定。这一点在幼儿的探究过程中尤为重要，因为我们经常必须做决定，但是同时又不能完全确定它可能会导致什么样的结果或者不知道这个决定与幼儿的想法是否一致。我们可能对幼儿活动的各个方面以及他们说了什么感到好奇。因此，与同事建立信任和真诚的关系至关重要，这使得我们能够进行深入而热烈的讨论。虽然我们不一定赞同对方的观点，但是我们必须参与其中，倾听、尊重他人的观点，并能够表达自己的观点。而这源于深度信任。

- "没有好奇心，我们注定只能获得既定的结果。"当然，在一个以探究为基础的生成式课程中，既定的结果并不是我们想要的。相反，我们从幼儿那里寻找思路，获得洞察力，进而促进班级中所有幼儿的学习。

如果想让幼儿保持对世界的天然好奇心，那么我们必须具备这种态度。

- 如果我们希望幼儿成为探究者，希望幼儿提问题并把探究作为一种学习方式，那么我们必须为幼儿树立榜样。
- 当幼儿玩耍和探究时，我们应该陪伴在旁，与幼儿共同实践。因此，我们必须拥有真正的好奇心。
- 当我们观察幼儿摆弄游戏材料时，我们必须要求自己保持好奇心并乐于接受各种可能性。

基于幼儿的想法、问题和好奇心来开发探究式课程

如果我们认为幼儿和教师都是探究者并在此基础上开发课程，那么这种课程实践将是一种协作式的、能够吸引所有人参与的、发人深思的和有意义的实践。

我们不需要遵从以往的教育实践方式行事，也不需要依赖幼儿教育既定的发展目标。我们只需要创建一个这样的环境：幼儿的问题和想法得到珍视，教师能够深入思考并回应幼儿的这些想法；教师和幼儿都敢于探索不寻常的话题或以不寻常的方式进行探究。

起初，这样做可能会让一些教师感到不适。在一个基于探究的环境中，课程往往是生成式的，幼儿教师并非总能确定接下来会发生什么。但是，这并不意味着课程是无目的的。相反，它是一个慢下来的过程。幼儿教师需要停下来看看他们投放的吸引物或者所做的观察给予他们什么样的反馈，然后再做出回应。

令人欣慰的是，我们可以看到幼儿很快地积极参与其中；不难理解，这是为什么。当幼儿的想法和问题作为后续活动的基础时，他们就会珍视游戏和想法，愿意继续探究。

除了提供吸引物、观察和回应幼儿外，我们还应该怎样思考我们的活动设计意图和过程呢？最近，我与一些幼儿教师合作，围绕如何从他们的价值观（他们的儿童观和教育观）角度来思考课程进行了大量探讨。比如，试想你重视关系、好奇心和幼儿的

为什么我们要做我们所做的

当我们坚持以幼儿为中心的理念时，即当我们相信幼儿、相信他们的能力以及肯定他们在世界上的存在方式时，我们就要思考如何在课堂上体现我们的价值观。在反思实践的过程中——反思我们的行为以及对幼儿做出的回应——我们会将我们的价值观置于首位。

当我们定期审视长期坚持的做法，并对幼儿园日常生活实践和常规提出质疑时，我们正在让我们的价值观"浮出水面"。比如，我们是否真的认为幼儿需要学习如何坐着不动，全神贯注地看着老师？我们重视这种做法吗？还是我们更重视更好地利用幼儿的身心能量？如果我们重视后者，那么我们的圆圈活动或者班会应该是怎样的呢？或许，从有关材料的使用、幼儿想法的分享（口头或者档案记录）、将身体活动视为一种学习方式等方面，我们可以看到这种价值观。

如果一个成人初次进入你的教室，那么他能看到什么样的价值观呢？幼儿的想法是如何得到体现的？幼儿的文化是如何被珍视的？当我们环顾教室时，我们能说一说这个班级的教学团队拥有什么样的价值观吗？如果我们的目标是忠实于我们所持有的价值观，那么我们就需要有意识地在班级环境布置和日常生活实践中体现我们的价值观。我们所持有的价值观有时候是大家都遵从的价值观，比如幼儿园的使命宣言或愿景陈述，有时是我们个人所持有的、对我们影响深刻的价值观。无论是哪种价值观，承认它、反思它、与教学团队成员讨论它并通过实践体现它，都很重要。

想法，那么牢记这些价值观将对你开发课程产生深远的影响。

对于幼儿教师来说，它体现了一种观念上的转变，即不是要为幼儿提供一些事情来做，也不是设计活动以得到一组既定的结果，而是在基于探究的环境中，真正以幼儿为中心。

对于具有反思精神的幼儿教师来说，幼儿学习的成果自然会出现，只需要识别出它们而已。

第三章 引发师幼好奇和质疑的环境　　71

这本书深受小朋友们喜爱，他们已经读过很多很多遍了。孩子们既能够理解故事的幽默之处，也能够理解故事主人翁哈利的"小诡计"。哈利有点淘气的行为让他们很快乐。教师在画架上张贴了黑白纸张作为吸引物，想知道他们将如何呈现这个故事。有的孩子在黑色的纸张上画白斑黑狗，有的孩子在白色的纸张上画黑斑白狗。观看他们的绘画过程是一件非常有趣的事。幼儿在这个过程中学到了很多。你能看出这是哪本书[①]吗？

小朋友们在建构区对尺子探索了几个星期后，开始自发地挖掘尺子的其他用途。比如，把尺子作为基线，给削成不同长度的铅笔排序。这不是教师为了评估幼儿对"长度"的认知而设计的活动，而是在幼儿玩耍过程中随机发生的，因为材料就在附近，幼儿可以在教室里的不同区域自由地使用它们。然而，通过观看幼儿的活动情况，教师可以发现这个幼儿知道根据长度来排列物体。如果教师需要评估幼儿的这项技能，那么这是一个有用的信息。此外，这个幼儿具有发散性思维，能够独自运用各种方法使用材料。

[①] 这个绘本故事名叫《好脏的哈利》，由新星出版社2012年出版。

回应幼儿的问题和表述：如何看到和听到幼儿

一个支持幼儿进行探究的环境，需要有可供幼儿教师进行观察、反思和回应的系统。它们必须具有实际操作性，能够让幼儿教师每天既有时间又有动力去使用它们。比如，我们何时观察？我们需要观察的时间节点有哪些？我们需要倾听什么？

对于大多数幼儿教育工作者来说，找时间进行观察无疑是最大的难题。我并不是说要专门站在幼儿旁边观察他们，因为我们当中极少有人有这样充裕的时间。相反，我们投入全部的身心和幼儿一起工作，做当下需要做的一切事情，同时培养自己注意幼儿的能力和习惯。比如，幼儿是如何使用材料的？是如何回应我们的引导的？他们在玩耍时对同伴或我们说了些什么呢？是什么让我们感到很重要、困惑、有趣或发人深省呢？我们需要持续关注这些方面，直到我们能够更深入地思考它们。从这点来说，照相机是一个非常有用的工具，因为照片可以"记住"那些我们没有时间当场写下或思考的瞬间。不过，很重要的一点是，你要尽快地回看照片，以免你脑海中的问题或想法消失。

这个过程是一个探究的过程，如果你一直坚持这样做，那么它就可以成为一种习惯。这个过程可以用许多图形来表示（见"导言"），但是不管怎样，它都包括仔细观察幼儿、反思我们的所见、记录活动进展、根据观察和反思做出决定以及再回应和再观察等方面。课程在日复一日中得到开发，幼儿的游戏也在日复一日中继续进行，也许只是一些小的项目活动，也许是一些长期的项目活动。这些活动对幼儿来说都是有意义的,对我们来说都是令人兴奋的,因为我们看到幼儿的策略和思维在不断地往深处发展。

以下是一个有关幼儿探究如何把脏水再次变干净的案例,这个过程中既有幼儿的挣扎,也有教师的困惑与疑问。最开始,幼儿只是在进行简单的玩水游戏,玩着玩着就萌发了好奇心:厕所里的脏水是怎么回事呢?

大多数幼儿都对水从抽水马桶的漩涡中消失不见这个现象非常着迷。这些幼儿反复观察这个过程,同时问道:"脏水是怎样再次变干净的?"虽然教师对这个过程略知一二,但是还是需要做一些研究来思考接下来的步骤。

净化水：一个源于幼儿好奇心的生态项目

幼儿最初的疑问表明，他们对日常生活中的普通事物（至少对成年人而言）具有好奇心。然而，从幼儿的对话中教师知道，他们从未见过马桶水箱的内部，所以教师做的第一件事便是取下水箱盖子，让幼儿观察水箱的内部构造。

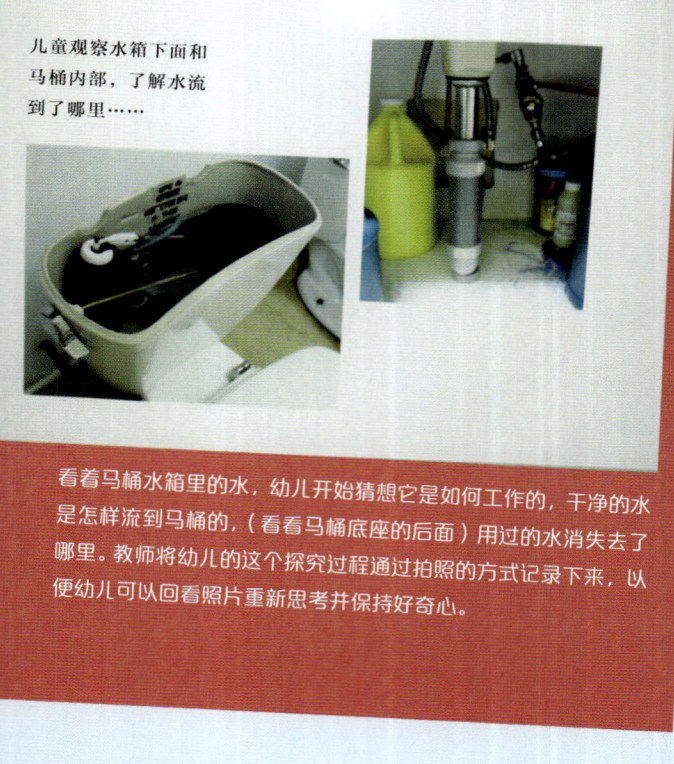

儿童观察水箱下面和马桶内部，了解水流到了哪里……

看着马桶水箱里的水，幼儿开始猜想它是如何工作的，干净的水是怎样流到马桶的，（看看马桶底座的后面）用过的水消失去了哪里。教师将幼儿的这个探究过程通过拍照的方式记录下来，以便幼儿可以回看照片重新思考并保持好奇心。

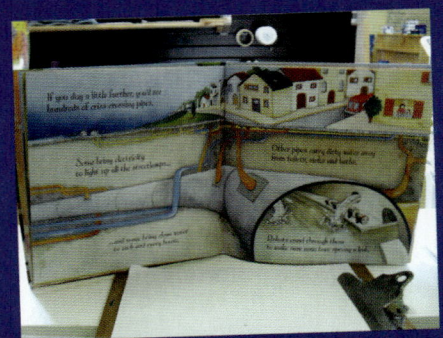

在这个班级中，玩水游戏一直很受小朋友们欢迎。教师将家里一些剩余不用的管道用品投放到水中，同时还为幼儿提供了一本适合他们年龄阅读的科普图书。幼儿通过连接管道、看插图重新组合等收集了更多的信息。这个游戏持续了好几天。

接下来的几个星期,对幼儿的观察和倾听,让教师对他们的已有经验感到好奇。幼儿所在城市的电视和报纸都全篇报道了一个新的污水处理厂——一个全新的污水分解系统。很好奇幼儿是否听说过这件事,如果他们听说过,那他们是怎么看待它的呢?

通过与家长进一步交流以及与他们分享幼儿活动的档案记录,教师发现,有几个家庭一直会跟孩子谈论当地的新闻,而一些幼儿对于"厕所里的水是如何变干净的"这一问题已经有了一些基本的了解。于是,教师又提出了另一个问题:幼儿能根据自己的理解画出水是如何汇入附近海洋的吗?教师把问题抛给了幼儿并提供了纸和画笔,有几个幼儿做出了响应。

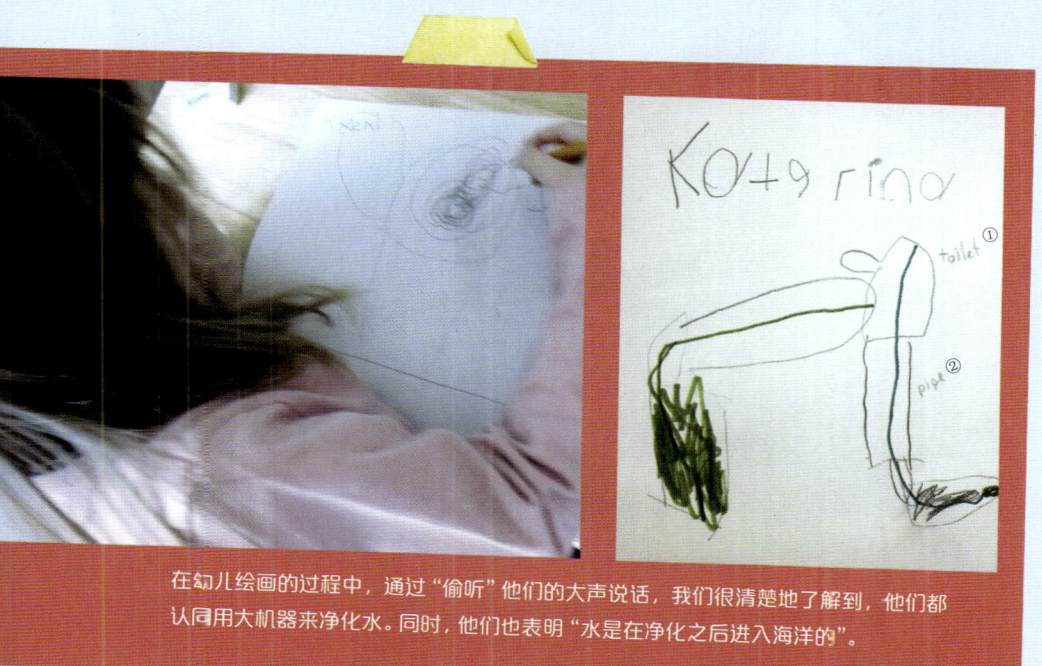

在幼儿绘画的过程中,通过"偷听"他们的大声说话,我们很清楚地了解到,他们都认同用大机器来净化水。同时,他们也表明"水是在净化之后进入海洋的"。

---

① 中文意思为"厕所"。——译者注
② 中文意思为"管道"。——译者注

接下来的几周，幼儿运用自己发明的过滤器进行了很多实验。这些过滤器包括砾石、沙子和咖啡滤纸，因为幼儿记得自己的父母在家里使用过这些东西。

从这个案例可以看出，探究活动可以在任何地方发生。对于教师来说，重要的是不仅要等待那些从重要的游戏活动以及哲学对话中出现的"大创意"，还要关注日常生活中出现的小问题，甚至是在浴室里出现的小问题！

教师的问题

什么样的教育环境关注并珍视教师的问题呢？我们必须想办法记录自己的困惑或者认知结（cognitive knot），以便在有时间时进行反思，而不是把它们搁置在一旁。有些教师使用一个简单

第三章 引发师幼好奇和质疑的环境　77

的笔记本记下他们当天的思考和问题，还有些教师使用即时贴来记录自己的思考和问题并把它们粘到一个特别的地方。然而，记录教师想法的一种最令人兴奋的方

什么是认知结

认知结，是指当教师或者幼儿遇到阻碍其前进的问题时所经历的"困惑的状态"（Wien, 2008, p. 152）。这类问题有助于教师在深刻反思后再确定行动。当教师与幼儿或者教师与同事探索遇到的困难时，新的可能性和方法会出现，进而促使他们做出富有创造力和想象力的反应。可见，认知结可以激发教师的工作热情，并促进其成长。

式是图文并茂的日志，日志内容包括缩略图、匆匆记下的笔记、草图等任何能够记录教师想法的东西。教师可以根据日志进行反思并做出决定。

以下是英国马德利幼儿园的一个例子。

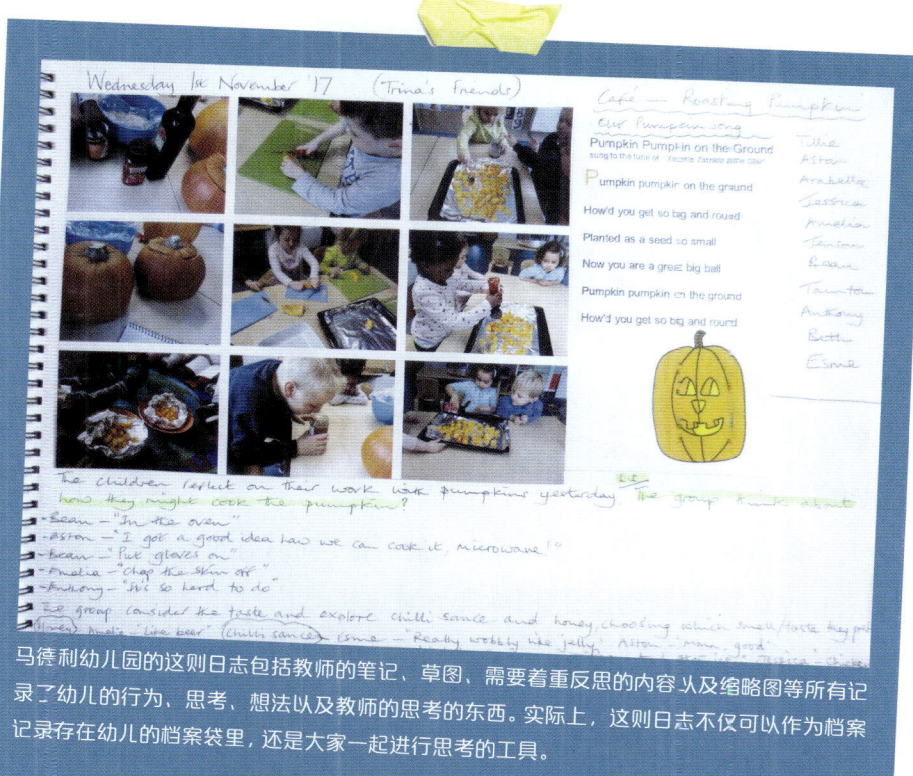

马德利幼儿园的这则日志包括教师的笔记、草图、需要着重反思的内容以及缩略图等所有记录了幼儿的行为、思考、想法以及教师的思考的东西。实际上，这则日志不仅可以作为档案记录存在幼儿的档案袋里，还是大家一起进行思考的工具。

除了用来记录实际发生的事情以及进行课程开发之外，这类日志也可以成为一个有价值的档案：我们是如何开始探究的？探究活动是如何进行的？我们是如何做出决定的？它既是一个非常有价值的反思工具，也是对我们与幼儿一起活动的长期记录。

当我们翻阅自己所做的这些记录时，我们经常会发现幼儿的游戏和想法中的重复模式（图式）、我们的顿悟时刻以及引起我们好奇和质疑的事物。

我们所指的是哪类问题呢？通常，教师最先提出的是幼儿发展方面的问题，这也是大家默认的问题。比如，看到下面这张幼儿绘制地图的照片，我们可能会问：在空间关系和读写方面，这个幼儿知道些什么？如果你只考虑评估幼儿的这方面技能的话，那么这样思考是可行的。

但是，我们可以运用更宽广的视角提出完全不同的问题。我们可能想知道，幼儿如何通过象征性的语言来理解他们所处的世界？这是一个涉及广泛的问题，会引发大家进行热烈的讨论，同时对我们的课堂实践也有一定的影响。比如，如果在反思和讨论之后，我们认为幼儿在表达他们对世界的理解时会运用多种"语言"，那么我们就需要对班级环境和活动做出调整，以便能为幼儿提供这些"语言"。

也许我们很难回答这个问题并因此"陷入困境"。但是，我们可以将这种情况视为一个在教学实践中探寻答案的机会，而不是将它视为一个问题。我们

> **儿童的一百种语言**
>
> 洛里斯·马拉古齐（Loris Malaguzzi）经常提到，幼儿运用动作和材料（绘画、舞蹈、雕刻等）来表达他们对世界的认识，即运用各种方式表现他们的专长。我们永远不能完全确定别人的想法，但是我们可以通过进一步思考"语言是什么"来深入地挖掘。比如，在最近一个有关生成课程的会议中，卡罗尔·安妮·威恩（Carol Anne Wien）博士提出了一个具有启发性的问题："语言是什么呢？"不出所料，这个问题引发了大量而深入的讨论。一个事物必须包含什么东西才能被称为语言？我们认为，它必须包含一种表达想法和创建意义的意图。

可以使用不同的方法、材料和引导方式，直到我们有所收获。我们需要放慢脚步并花点时间进行思考，允许自己不能立即知道所有的答案。比如，在加拿大新斯科舍省哈利法克斯市的文法学校，幼儿在开展电影项目活动的过程中遇到了一个大难题。他们没法让他们的"电影"（一些二维的绘画作品）真正动起来。教师也很难在不向幼儿直接提供答案的情况下，设计或者提供能够激发幼儿进行知识建构的问题或材料。毕竟，在探究活动中，我们的目的是让幼儿建构知识、享受发现的过程和学会学习。因此，问题出现了：如何设置材料才有利于幼儿的发现、学习？

我们经常在幼儿身上看到他们拥有一种"故事感"（即知道故事有开始、中间和结尾），也知道他们能够将故事图片按顺序整理好，所以我想知道我们手边的哪些材料可能让幼儿产生一种动感。

用相框制作电影

在另一个关于摄影的项目中，班上幼儿已经探索了相框，他们举着相框把教室里的各种物品框了起来。于是，我又为他们提供了相框。不过，我并不确定它们能为幼儿提供怎样的帮助。起初，幼儿使用相框把插图（绘画作品）框到一起。

随后他们迅速改变了主意，沿着插图滑动相框以获得一种动感。这让我很兴奋，因为当我最初问自己如何使用这个材料时，我还不是很确定。正是幼儿和他们的实验，让我对探究活动中材料的强大作用有了深入的了解。

然而，绘画作品或者说电影插图本身仍然是静止的，没有动起来。可是即便如此，也没有阻止幼儿继续玩电影游戏，他们将椅子排成排，开始售票。我注意到有一两个孩子还是专心于如何让电影动起来。我记起班里有一台老旧的投影仪，可以利用投影仪进行投影。但是，幼儿似乎并不记得投影的作用，不记得它可以将物品展示在墙上。一次晨会上，在引导幼儿一起思考了让图片动起来的方法后，我再次询问幼儿对于电影院的以往经验。终于，一个孩子想起来了并说："有一道光从墙上出来。"于是，探究活动得以继续向前迈进。我把一些简单的吸引物（如醋酸盐、记号笔）以及一些能够表征故事（幼

第三章 引发师幼好奇和质疑的环境　81

儿喜爱的一个故事）的物品放置在投影仪附近。我不知道幼儿会对这些材料做出怎样的反应，我只是对接下来可能发生的事情感到好奇。

幼儿使用这些材料推动了游戏的进一步开展，但随后意料之外的事情发生了。一个知道手翻书工作原理的幼儿自己创作了一本小书，然后把它放在一张纸/屏幕后面并快速翻阅书里的插图，进而呈现了一种基本的运动形式。

其他小朋友和教师看了都非常兴奋。这个幼儿的行为让我看到了已有经验的强大力量，以及当幼儿把已有经验和当前的探究活动联系起来时，它可以为探究活动带来什么。

接下来，利用幼儿对故事特别是童话故事的了解，我们继续探究通过运动讲述故事的所有方式。其中，一个幼儿提出了用木偶讲述故事的点子。随即，另一个幼儿想起了他们以前做过的影子木偶。这促使他们马上收集所需要的材料，寻找手电筒，使用自制的屏幕。几天后，一个能够动起来的图

像产生了。幼儿感到很满意，立即转向了另一项探究活动。在幼儿解决了这个认知结后，我的好奇心还持续了很长一段时间。

这个探究活动告诉我们，幼儿和教师的好奇心的本质是什么？好奇心驱动着幼儿，这一点可以从他们决定迎接挑战并制定策略来实现他们的想法上看出来。教师提供给他们的材料是有目的的——为他们提供获得发现的路径，而不是直接提供答案。对于幼儿的想法，我们在感到好奇的同时又感到一些困惑：是什么让幼儿能够把一种经验和另一种经验联系到一起的？为什么制作手翻书的幼儿觉得有必要在屏幕后面使用它？在我们看来，材料所起到的媒介作用是一个关键因素，它也有助于我们成为研究型教师（teacher-researcher），让我们思考、观察、引导、实验、记录和再观察。

丹尼尔·迈耶（Daniel Meier）、盖尔·佩里（Gail Perry）、安德鲁·斯特里梅尔（Andrew Stremmel）和芭芭拉·亨德森（Barbara Henderson）撰写了大量关于教师研究和现状的文章，其中幼儿是教师研究的主要对象。这些研究通常旨在帮助教师获得看到幼儿的新方法，帮助教师更深入地了解幼儿的感受和成长，并能积极地回应幼儿。教师可以通过幼儿的语言、手势、照片、绘画作品等来倾听幼儿的心声。当密切观察幼儿时,教师就可以看到幼儿在特定的情境中会呈现他们的发展水平,这是受家庭文化和学校生活双重影响的结果。与传统的教育研究不同,在教师的研究中,幼儿和家庭不仅是研究的对象,还作为参与者共同参与了研究。因此,教师的研究是参与式研究,它包容差异,本质上是民主的(Henderson et al., 2012)。

什么推动着教师研究

简而言之,好奇心和由其引起的问题推动着我们成长为研究型教师。成为研究型教师,就意味着我们要与幼儿一起进行主动学习。虽然大多数幼儿教师都非常重视幼儿的主动学习,但是我们要同样重视自己的主动学习。教学作为一种探究形式能够使我们成为主动的学习者,"细心的观察者、尊重幼儿的倾听者以及思维缜密的探究教学的探究者。主动学习包括做出明智的决定、质疑假设和提出问题"(Hill, Stremmel, & Fu, 2005, p. 47)。

成为一名研究者,意味着我们要把困惑和问题作为对幼儿进行创造性回应的起点,要把它们视为机会而不是挑战。所以,在基于探究的环境中,我们可能需要一直问自己:"我好奇什么?怎样才能找到答案?"

试 一 试

1. 在你的笔记或照片中,找一找令你感到困惑或着迷的东西,并花点时间与其他人一起思考:"你对什么好奇?你能提出什么问题?"
2. 思考一下,你可以采取哪些方式来记录班级幼儿的行为和语言,以及你自己的问题和困惑。
3. 讨论一下马德利幼儿园教师所写的日志。它是怎样促进教师对幼儿的理解,并指导教师随后的决策制定的?
4. 看看你的日常实践中有哪些一贯的做法。它们存在多久了?对你有用吗?对幼儿有用吗?你想要尝试改变一些什么吗?

第四章 让幼儿和教师的思考看得见：用档案记录支持探究活动

当我们参观一个新的园所时，阅读该园所教师所做的档案记录是一件很棒的事情。这些档案记录有可能被精心地呈现在展板上，有可能以其他的形式呈现，也有可能以原始的状态呈现，上面布满潦草的字迹和图画，充斥着疑问和困惑。这些档案记录既吸引人，又发人深思，同时还能帮助我们充分了解这个地方正在发生什么事情。

档案记录是一个通过图表形式让思考和学习看得见的过程。它在教育领域中具有以下作用。

- 在档案正式形成前，通过审视、反思照片和笔记，我们可以深入思考发生了什么事情以及它是怎样发生的。
- 有时候，我们无法确定幼儿的所思所想。仔细研读档案并与其他教育工作者进行交流（有时候是和幼儿进行交流），让我们有可能知道下一步采取什么措施来支持幼儿的想法和游戏，或发现幼儿的更多想法和游戏。
- 在进行档案记录的过程中，基于学习主体的疑问和好奇，新的课程生成了。它由短期的探究活动或者长期的探究活动组成，并通过一系列的刺激物、对话、展示等得到支持。我们把这些全部记录下来，以便和幼儿、同事、家长重温课程中发生的一切。这里有一个例子。

在一次专业培训中，教师们正在练习如何仔细观察、做笔记并与同行对话。

第四章　让幼儿和教师的思考看得见：用档案记录支持探究活动　　**87**

蝌　蚪

几个幼儿正在艺术工作室中讨论小蝌蚪。他们讨论了关于小蝌蚪，他们了解哪些知识、不了解哪些知识；他们彼此提出了一个又一个问题，并给出可能的答案。教师把幼儿之间的这个简短对话捕捉了下来。之后，教师又把这个对话拿到全班讨论。于是，一个以探究蝌蚪及其栖息地为主题的项目活动开始了。

埃米："这些是脚印吗？我不知道。"
贝丝："它们是青蛙。"
埃米："青蛙会跳，可是这些脚印不会跳。"
贝丝："它们看上去是青蛙。它们会变大，变大，变大。"
埃米："它们全都漂浮在水面上。有些正在爬行，而且它们还有弯弯的尾巴。"
埃米："我觉得虫子不喜欢水……"
埃米："我可以问问我的姐姐。她就在这所幼儿园，她知道甲壳虫。"
贝丝："它们喜欢水。"
埃米："甲壳虫喜欢水，也许它们是甲壳虫。"
贝丝："我知道青蛙会慢慢变大。蛙卵会长大。"
贝丝："我看见泡泡了。青蛙在泡泡里。"
博："它们是小蝌蚪，它们会长大。"
乔舒亚："我正在画小青蛙所生活的小水池，它们全被困住了。"

---

① 中文意思为"蝌蚪"。——译者注

- 认真审视档案，已经成为教师专业发展的一种方式。当我们思考并建构意义时，我们将逐渐成为具有批判精神的思考者、幼儿行为的研究者以及实践共同体的一员。
- 当幼儿进行探究活动的时候，无论探究活动的规模是大还是小，我们都希望读者或旁观者了解幼儿学习的过程；而档案成为幼儿与教师、幼儿与家长、教师与同事、教师与家长之间强有力的沟通工具。
- 通过与档案互动，幼儿能够一起思考、明确想法，并从他人的活动中受到启发，萌生新的思考。
- 档案让我们懂得，我们要与幼儿在一起，同时当我们与幼儿互动、游戏或者观察他们时，我们要认真思考他们的想法。
- 当我们不能完全理解某一情况时，档案作为一种媒介或途径可以让我们把自己遇到的问题和困境展现在大家面前，以便得到大家的回应。家长、同事和幼儿可能从他们的视角谈论他们的观点。当彼此的观点不一致时——这种情况经常发生，进行热烈的讨论和思考不同的观点的机会就出现了。
- 档案可以记录幼儿的探究活动。幼儿常常不是连续参加某一探究活动的，因此我们需要档案来维持幼儿的好奇心，让他们可以继续进行探究活动。

  对于那些不是每天都上幼儿园的幼儿来说，档案尤其有用。比如，幼儿在周二可能全身心地参与到一个探究活动中，但他得等到周四才能再次来园参与活动。这时，档案就是一个有价值的工具，将幼儿与他之前的游戏、思考联系了起来。

- 班级中，当探究活动重复发生时（比如，幼儿已经在前一年的冬天探究过小鸟，然而当小鸟在第二年的春天再次出现的时候，幼儿又燃起了好奇心），档案能让我们回顾过去的想法并思考：现在我们还持有相同的想法吗？
- 对于那些还不能用口头语言来解释他们的想法的婴儿和学步儿，档案能让他们的策略或者办法看得见。比如，婴儿尝试了多少种办法进到一个直立的硬纸箱中呢？他们又采用了什么策略从硬纸箱中出来的呢？

思考的痕迹：为幼儿提供画画的机会很重要

在任何一个探究活动中，无论它是简单的探究活动（比如，了解水是如何从一个地方流到另一个地方的），还是复杂的探究活动（比如，了解一条短信是如何发送到全世界的），幼儿都有画画的机会。画画已经成为幼儿理解事物和解释自我的另一种方式。

当幼儿开始使用图形表征方式让自己的"理论"看得见时，绘画就成为帮助他们思考的工具，这同样适用于那些刚会写一点点字的幼儿。我们也许可以将画画当作解释自我的另一种语言。作为成人，我们可以通过画画来了解一个事物是如何运作的。我们需要经过多次思考，才能弄清楚一个事物包括哪些部分以及这

什么是实践共同体

正如温格（Wenger）、麦克德莫特（McDermott）和斯奈德（Snyder）所指出的那样，实践共同体"是指一群志趣相投的人，他们分享他们对所做事情的担心或热情，并在定期互动的过程中学习如何把这件事做得更好"（2002）。这群志趣相投的人会定期聚会，就一个特定的话题展开积极的讨论，以便分享经验、相互学习、探索资源。在早期教育领域，探讨实践、愿景、挑战和成功非常有帮助。在实践共同体内，通过彼此互动、一起思考，大家可以提高工作热情、解决问题、构建新的愿景。实践共同体可以是正式的，也可以是非正式的，通常规模很小，这样才便于大家经常会面、讨论。比如，我所参与的一个实践共同体是一个非正式的档案记录小组。我们这个小组的所有成员都深深地着迷于各种各样的档案记录，我们每个月见一次面，交流彼此的工作。我们一边察看各类不同的档案记录，一边进行热烈的讨论。有时候，我们同意对方的观点，有时候我们持不同的意见。但是无论怎样，我们都在不断地深化我们的思考并尝试新的方法。我们在一个友好和安全的环境中，支持和拓展我们的反思性实践。

些部分是如何组成一个整体发挥作用的。随着时间的推移，我们那些临时的想法（即最初我们认为事物可能是如何运作的）会演变成更加切实的理解。很久之前，我上过一门课。课上，老师要求我选择一个厨房里用的机器（如搅拌机），然后用绘画作品和符号来解释这个机器是如何组装并工作的。这对于我来说太难了！但是，这个绘画过程帮助我深入地思考了图形表征的力量。

如今，当我们让幼儿把他们的想法画出来时，或者只是让他们把他们建造的东西用草图画出来时，很多幼儿回答："我不会。"或者"你帮我画。"有趣的是，当幼儿处在一个轻松且被信任的环境中时，他们会愿意画画。在这样的环境中，教师认为，当给予幼儿很多的机会、工具、刺激物、支持和时间时，幼儿是完全有能力画画的。比如，粗杆铅笔能帮助学步儿自信而愉快地涂鸦，并最终促使幼儿使用图形进行表征。3—4岁幼儿有时更愿意"展示"而不是"说出"他们的想法或"理论",比如下面这张4岁幼儿的绘画作品。

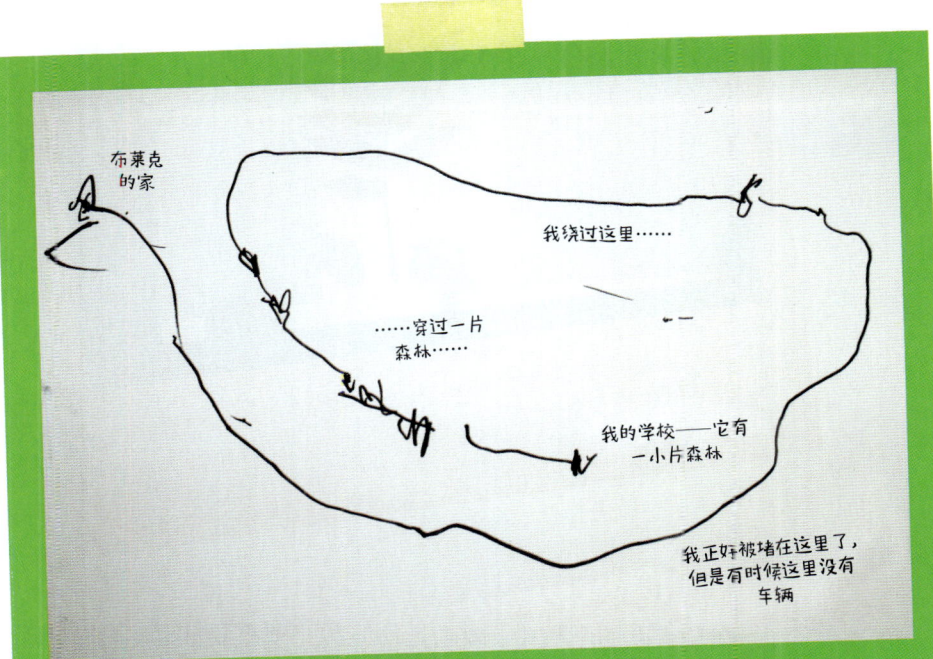

我们在第一章里介绍过,一群三四岁的幼儿开始讨论他们每天是如何来幼儿园的。随着对话的深入,其中一名幼儿在解释每天早晨他的家人如何开车把他送到幼儿园的时候遇到了困难。用语言描述这个复杂的过程,对于他来说有点难。不过,他通过绘画很轻松地解决了这个问题。许多幼儿注意到了他的画,不久之后,他们也开始通过画图来展示他们是如何来幼儿园的。家长反馈,孩子们所画的地图精准无比。这些地图也让我们了解到,幼儿在每天上下学的路上真正关注的是什么(比如,一片森林)、烦恼的是什么(比如,堵车问题)。

在探索树木的过程中,在透写台上画一片叶子,可以让幼儿有机会真正"看到"叶子的形状和纹理。通过认真观察、描摹、徒手作画和使用多媒体,幼儿逐渐了解了叶子的特性。

在瑞吉欧的学校中,画画是幼儿的一项重要活动,用以描述他们的反应、理论、想法和观点。教师支持和鼓励这样的活动。我们也许可以把这样的活动称为"通过画画来学习、分析和理解"(Janette March,pers. Comm.,2017),而不是"学习如何画画"。对于一些幼儿来说,这样的沟通方式能取代口头交流或者补充口头交流。有时候,我们可以把这些绘画作品纳入幼儿的档案。至于是否需要这样做,则取决于我们自己的判断。比如,这些绘画作品是否支持我们所描述的幼儿的学习?它们能否更清楚地展现幼儿的"声音"?其他情况下,这些绘画作品可以作为

第四章 让幼儿和教师的思考看得见：用档案记录支持探究活动

有价值的工具，让我们能够理解幼儿的想法。

安妮特·科莫（Annette Comeau）既是一名幼儿教育工作者，也是一名平面设计师。同时，她还在多家幼儿园担任顾问，因此，她经常有机会观察幼儿涂鸦或者绘画的情形。当她看到幼儿在纸上画了一个记号时，她被深深地吸引住了。她说："对于这个幼儿来说，这个记号给予他一种反馈。之后，他会画一个又一个记号。画这些记号的过程就是他与自我进行对话的过程。"（pers. comm., 2017）

运用档案记录将探究活动、思考、实践整合到一起

当林赛还是加拿大新斯科舍省幼儿教育学院的一名学生时，她有幸去快乐角幼儿园（Point Pleasant Child Care Center）实习，并在那里接触到以探究活动为主的生成性课程实践。根据学院的要求，她必须观察、反思并基于反思为幼儿设计刺激物和活动，同时还要把它们记录下来。换句话说，林赛经历了探究的循环往复的过程。

林赛把她自己与幼儿在一起的经历记录下来，并思考如何回应幼儿的想法和行为。以下是她的一则笔记：

> 今天，我看到S.E.和S.N.两个小朋友在户外玩滑梯。她们两人分别握着一根大木棍的两端，然后S.E.用木棍推着S.N.一起从滑梯上滑了下来。我介入了她们的游戏并向她们表达了我的担忧："木棍太大，你们很可能会受伤，建议你们使用绳子来玩这个游戏。"随后，我为她们提供了一些短绳。当我把绳子拿到户外的时候，其他幼儿

也表现出浓厚的兴趣。S.E. 和 S.N. 继续使用绳子把对方拖下滑梯。当大部分幼儿对绳子失去了兴趣后，我注意到 L.I. 和 H.C. 两个小朋友还在滑梯那里拿着绳子玩。L.I. 把一个箱子放在滑梯外面，然后他站在箱子上，把绳子从滑梯的一边扔到了另外一边。我看到 H.C. 抓住绳子向上爬。之后，我又观察到 H.C. 握着绳子从滑梯上滑了下来。她这样做了好几次。

今天上午早些时候，小朋友们已经在教室里探索了绳子，了解了如何打结和解结。因此，我认为这个户外活动很有价值，因为它让幼儿在另外一个场景中探索了绳子的不同用法。这一次，他们主要把绳子当作一种工具，把小伙伴从滑梯上拽上来、拖下去。在这个活动中，他们发挥了创新能力，使用了大肌肉运动技能。我很想知道，如果为幼儿提供粗一些、大一些的绳子，他们会用来做什么呢，他们是否还会把这些绳子当作工具使用呢？

林赛的观察和思考促成了一个有趣的有关绳结的探究活动。教室里，一名幼儿一直在摆弄丝带，想把它们绑在两扇门上。林赛提供了两条短绳子，想看看会发生什么事。第一个走过来的幼儿说："我爸爸教了我如何给绳子打结。"说完，他就拿起绳子开始打结。最后，他和其他小朋友一起合作把绳子绑在门上。

几天过去了，幼儿探索绳子的兴趣减退了一些。不过，林赛又提供了一些绳子，再次激起了幼儿的兴趣。这一次，幼儿

要挑战如何解开绳结。小朋友们都非常喜欢这个活动,并让林赛给绳子打各种"奇形怪状的"结,这样结就不那么容易被解开了。其中,有一名幼儿一开始只解开了两个结,然而到最后他竟然解开了十三个结。很明显,这名幼儿渴望挑战。他在这个活动上花了很长时间,总是要求解开更多的结,并计数绳子的数量。他使用的绳子非常硬。为了拓展活动的多样性,林赛又尝试提供了软绳子,并把所有绳子的末端都系在一起让幼儿解开。这个幼儿很高兴地告诉林赛:"我要在家里做一个蜘蛛网。"

以上这个档案记录包括教师所做的简单笔记、教师的困惑、教师的引导和一张照片。这个档案记录,有助于读者了解教师在支持幼儿探索活动中的作用。林赛所做的笔记,让她可以思考和分析户外活动。在思考和分析之后,为了回应幼儿的游戏,也为了满足她自己的好奇心,林赛在教室里提供了类似的材料让幼儿探究,并且每一样材料都基于幼儿的前期知识向幼儿提出了更大的挑战。注意到幼儿很乐意接受挑战,这一点也很重要,因为这意味着让幼儿持续地接受挑战激发了他们积极解决这些绳子难题的主观能动性。

除了记笔记、用照相机拍照以及收集幼儿的绘画作品、手工作品外，教师还可以采用哪些手段进行记录呢？国际顾问德比·基特·哈特兰（Debi Keyte-Hartland）与世界各地的教育工作者一起工作过。她的幼儿教育工作理念深受瑞吉欧教育模式的影响，她是这样描述的："我正在与洛里斯·马拉古齐的思想以及瑞吉欧学校的教育理念对话。"她的幼儿教育理念也深受格雷戈里（Gregory）和诺拉·贝特森（Nora Bateson）的著作的影响，她认为"与幼儿一起创造情境，为描述、构建想法以及一起思考提供无数的可能"（pers.comm.，2017）。

德比参与了中国北京一所国际学校的一个探究活动。在以下段落中，她描述了当教师把照相机交给幼儿时，教师能获得新的认识，同时幼儿能发现一些让他们感兴趣的领域。

激起好奇和疑问的班级文化氛围：把摄影作为探究活动的一种形式

在教室里，我的影响力主要体现在我如何看待探究活动上。我认为探究活动是动态的、生成的。重要的是，探究活动发生在小组中。小组成员提出不同的想法，然后大家各抒己见，进行争论，最后把想法转化成行动。出于兴趣与好奇，幼儿或独自进行探究，或作为学习小组的一员进行探究。他们找到问题，提出假设，向别人描述他们的发现。对于我来说，探究活动是一个照亮思维的过程。在这个过程中，想象和幻想与逻辑和理性紧密结合。同时，创造力和表达能力得以体现并与思维模式、目标、感知相联系。因此，探究活动并不是固定的、结构化的，而是作为一个想法与发现紧密相连的模式存在的。当小组成员获得更多的发现时，他们就能分享更多的知识，开展复杂的探究活动，向着不同的方向和兴趣前行。

这样一个探究活动就发生在中国北京的一所国际学校里。下面，我概述了在这个探究活动中幼儿之间的交流和对话、幼儿对摄影的审美研究，以及我对幼儿渴望探索和建构意义的解读。我尽可能创设一个探究的环境，既让幼儿能够进行创造性和批判性思考，又让他们有机会表达和分享他们的思考。同时，与他人（其他幼儿、家人、教师）一起学习是这个学习者共同体所奉行的一个最基本的原则。

儿童一直是拍摄的对象，他们甚至在出生之前就是了。当儿童还在妈妈的肚子里时，他们就要接受仪器的扫描并以黑白照片的形式被捕捉下来。随着新技术的发展，胎儿以一种更真实的形式被扫描、拍摄和记录下来。婴儿出生后，成人继续通过拍照来记录并捕捉他们的成长。

作为幼儿教师，我们继续用这种方式来记录幼儿，关注他们是如何了解他们周围的世界的。这样做也让我们有机会发现，当我们把照相机交给幼儿后会发生什么。幼儿会拍摄什么呢？他们会盯着哪里看呢？这些又能说明照片、拍摄者和拍摄对象的什么呢？

第四章 让幼儿和教师的思考看得见：用档案记录支持探究活动

这个探究活动始于幼儿渴望探索数码相机的多种用途。许多幼儿把他们周围的事物和空间拍了下来，呈现了物品的抽象特质和图像。幼儿还将各种形状作为相框，透过它们去拍照，或者将特定的颜色、图案填满整个相框。我们可以将这个阶段称为前探究活动（Pre-Inquiry）阶段。在这个阶段，幼儿探索照相机，而教师基于对幼儿的观察向他们传授简单的技巧。

幼儿拍照的方式比成人自由。他们不遵照传统的拍照方法，如使拍摄对象位于中心、对称、平衡、聚焦。他们探索照相机，欣赏它对物体的逼真呈现。随着时间的推移，我们能察觉到幼儿是如何拍摄那些让他们感兴趣或觉得重要的事物的。一个反复出现的情况是，幼儿会把他们搭建的积木建筑拍下来；当光线照进活动室使积木建筑产生阴影时，这一情况更为突出。因此，幼儿将自己称为"影子捕捉者"。

一段时间过后，我们一边观察幼儿，一边与他们讨论他们有关光、影、积木的新发现。我们思考了幼儿拍下的影子照片，并发现了更进一步的探究内容。新的探究活动由此开始了，它不是孤立的，而是与其他可能的探究活动相辅相成的。

我们看到，许多幼儿在探索自己的影子。他们移动双手产生影子，然后用照相机拍下来。对于我来说，这代表了幼儿在学习中的一个重要转变：从重视探索到利用创造力和批判性思维进行探索。幼儿有意识地利用他们在探索阶段获得的有关材料和工具的知识来表达想法，传达意义。

有些幼儿会被人影照片深深地吸引住，这是因为他们识别出了自己和朋友们以奇形怪状又幽默搞笑的角度拍下的影子。

对于许多幼儿来说，照片中双脚所在的位置非常重要。它们好像在告诉人们："我在这里。"此外，投影仪所制造的彩虹效果也一直是幼儿感到好奇的东西。

因此，此时，这里有好几个相互关联的探究内容，而这些内容都值得进一步探究，以便幼儿能够继续使用照相机更详尽、更全面地表达自己的想法。我们本可以与幼儿一起探究，但是我们认为让幼儿继续开展小组合作和互动更重要，因为这将为他们提供一个充分的对话和交流的机会。在有关人影的探究活动中，那些需要制造影子的模特（即幼儿）也发挥了创造性作用。卡林娜·里纳尔迪（Carlina Rinaldi）所说的话提醒了我。她说："教学意味着选择，但是选择并不意味着要比较哪些是正确的、哪些是错误的。选择意味着我们有怀疑和不确定的勇气，也意味着我们要参与到我们所负责的事情中。"（2006）鉴于探索人影是幼儿在探究过程中重点关注的部分，所以我们选择了它。

我们让幼儿观看了一家舞蹈公司表演影子舞蹈的视频。受舞蹈视频的启发，幼儿对当前的探究活动萌生了新的思考。他们意识到，他们可以进行多种探究活动。新的想法产生了，幼儿都十分兴奋，并产生了一种新的归属感。

第四章 让幼儿和教师的思考看得见：用档案记录支持探究活动

我们提供了一个屏幕，这样幼儿就能制造、捕捉移动的或者静止的影子了。幼儿分别站在屏幕的两侧，一侧幼儿作为摄影师或者导演，另一侧幼儿作为表演者或者影子制造者。在制作影像的过程中，他们想出了更多的办法并不断地尝试。

在这个过程中，许多新的主题出现了，如令人害怕的影像、展示姿势与平衡的影像，以及把不同身体整合为一体的影像。

此时此刻，幼儿沉浸在舞蹈学习中。他们的身体和头脑充满活力，他们共同进行知识构建，他们处在一个由情境、材料、幼儿和教师组成的复杂关系中。他们向多个方向发散自己的思维。他们使用照相机创造了一个有关发明的世界，并把它变成一种沟通思想的语言。探究活动常常以一个包含方框和箭头的图表呈现出来，但是探究活动本质上是有机的、逐渐向外扩展的。它不是一个静止的、被装在方框里的系统，而是基于充满活力的关系而形成的。成长是关键。我们要把探究过程视为一个充满活力的、有机的过程，就像把幼儿视为充满活力的、有机的个体一样。正如诺拉·贝特森（Nora Bateson）所说："学习与生命之间有什么区别吗？没有。"

以上这个有关幼儿使用照相机进行探究活动的档案记录，可以给我们很多启发和鼓励。

第一，照相机变成幼儿的工具，让他们记录了令他们感兴趣的一切，比如，他们的脚丫、影子等。德比说："他们使用照相机创造了一个有关发明的世界，并把它变成一种沟通思想的语言。"

第二，探究活动是有机开展的，它没有事先规划好的路径。随着探究活动向偏离正题外的多个方向发展，教师一边记录幼儿使用照相机的情况，一边对发生的事情做出回应。教师不知道将要发生什么，他们只能等待和观察。

第三，在探究活动中，幼儿获得了很多发现，有很多感兴趣的内容。但是，教师并没有全部回应，而是选择其中一些内容和幼儿一起探索。教师根据自己的理念、信念、阅读过的图书（比如，里纳尔迪的作品），并在仔细地思考了幼儿的行为和自己的推理后做出了选择。

加拿大苏卢考特"圣心双语学校"的档案记录

在加拿大安大略省的苏卢考特，有一所学校叫圣心双语学校。这所学校里有四个幼儿班，其中一个班级是双语班（法语/英语）。这个班上的幼儿刚刚开始学习他们的第二语言。那么，教师如何开展一个探究活动并用双语进行记录呢？

以下是一个探究活动的档案记录。这个探究活动始于一个幼儿的问题，之后随着幼儿的探索和研究而不断得以深入，最终帮助幼儿找到了答案。这一切都是用双语记录的。

在这里，我们看到了一个用两种语言捕捉幼儿的"理论"——幼儿的推理、讨论和已有经验——的美好案例。在双语国家，幼儿和成人自如地使用两种语言这一现象非常普遍，有时候他们甚至没有意识到自己在说哪种语言。这些正在学习第二语言的幼儿在交流的过程中，把他们知道的法语单词嵌入自己的语言；同时，他们可以自如地使用英语。对于教师来说，他们可以从这个档案记录中获得很多信息。幼儿天生的好奇心引出了一个问题和一系列有意义的反应。幼儿根据自己的经验认为，生活在水族馆里的海豚是驯养的。毕竟，这些海豚能够被近距离观看和触摸。还有的幼儿提出，"小"就等于驯养，小海豚和大海豚在野性上是不一样的。在这样一个小小的档案记录中，有许多地方值得我们思考。

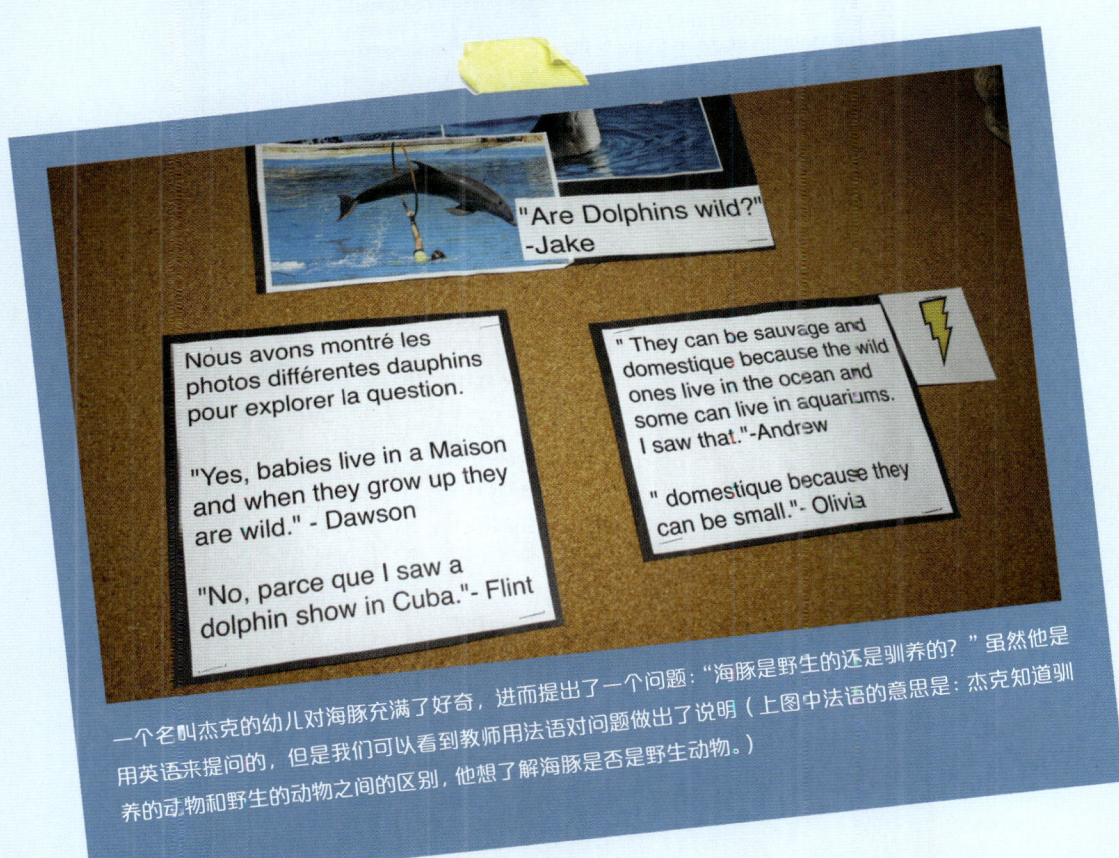

一个名叫杰克的幼儿对海豚充满了好奇，进而提出了一个问题："海豚是野生的还是驯养的？"虽然他是用英语来提问的，但是我们可以看到教师用法语对问题做出了说明（上图中法语的意思是：杰克知道驯养的动物和野生的动物之间的区别，他想了解海豚是否是野生动物。）

其他幼儿也参与到这个难题的解答中。请注意这些在英语和法语之间来回切换的美丽文字。这些文字也体现了教师对幼儿的尊重，因为教师准确地记录了幼儿都说了些什么（上图中法语的意思是，教师："为了找到答案，我们看了不同海豚的照片。"幼儿："是的，海豚宝宝住在屋子里，但是当它们长大后，它们就变成野生的了。""不是的，我在古巴看过一个海豚表演。""它们可以是野生的，也可以是驯养的。野生的海豚生活在海洋里，驯养的海豚生活在水族馆里。我看见过。""海豚是驯养的，因为它们也有很小的时候。"）

试一试

1. 如果你正在使用一种特定的档案记录方式,那么请尝试采用另外一种方式,比如,作为一种思考工具而非用来展示的"原始的"档案记录。

2. 审视你手头的档案记录,看看它们是如何支持幼儿的探究活动的。幼儿的想法和思考是如何被看见的?它们是否囊括了教师的问题?

3. 你是如何与其他教育工作者或社区成员分享你的档案记录的?并非所有人都能这样做,但是如果你这样做了,你就能收到别人从其他视角给出的反馈,进而获得新的思考,而这是教师专业发展中很重要的一块。

4. 组织绘画活动,让幼儿每天都可以通过画画来表达自己的想法。当你为他们提供了这种表达途径后,会发生什么呢?你如何使用他们的绘画作品来帮助你或幼儿理解绘画作品所传达的意思呢?

第五章　支持教师成长的环境

如果你已经在早期教育领域工作了一段时间，那么你可以反思一下自己的教学实践并思考自己已经走了多远。这将是一件非常有趣的事情。我们处于一个不断变化和发展的行业中，它囊括了许多观点、理论和最新的研究成果。

我们如何提供一个适宜的环境来促进教师的专业发展呢？什么样的工作环境鼓励教师探索、成长、大声说出他们的想法并坚守在教育一线呢？谁应该为教师的专业发展负责呢？

苏珊·弗雷泽（Susan Fraser）是一位加拿大的教育家，也是《真正的童年：在活动室中探索瑞吉欧·艾米利亚教育模式》(*Authentic Childhood: Exploring Reggio Emilia in the Classroom*)一书的作者之一。她指出，在过去的20世纪，早期教育工作者的角色一直在变化。她进一步解释说："一百年前，没有人能预见早期教育在20世纪会发生那么大的变化，获得那么大的发展。"（Fraser & Gestwicki，2002，p. 39）

不言而喻，如果说我们的行业随着社会的变革发生了变化，那么教师的角色也已经发生了显著的变化。因此，我们必须保持警醒：在我们的行业中，我们如何与时俱进以获得最新的、振奋人心的、有用的信息。不过，尽管我们要保持警醒，但是这并不意味着我们必须接受一切。相反，我们要成为具有批判精神的思考者，反思新的思想和别人告知我们的观点。

当我们思考探究式教学环境和我们在这种环境中的学习时，我们不仅必须思考我们需要学些什么，还必须思考应该如何学习它们。

当讨论到瑞吉欧教育模式中教师的角色时，弗雷泽（pp. 45-46）提出以下观点。

> 教师与同事、幼儿、幼儿家长一起合作，共同构建了一个"互助式学习者共同体"。这意味着大家在交互联系中交流幼儿的学习。在理解了这个基本的原则后，教师这个角色所具备的其他基本要素也就显而易见了，尤其是沟通的重要性。与幼儿沟通意味着，教师要认真地倾听他们的想法，参与他们的谈话。"倾听"这个词语太简单了，它不足以描述教师想要努力走近幼儿、追随幼儿的学习并参与他们的学习这个复杂的过程。"倾听"是一种资源，有时候也是促进幼儿探究活动的刺激物。

以上这段话或者说瑞吉欧教育模式向我们展示了教师所承担的角色，可归为以下四点。

- 作为学习者共同体的一员。
- 通过有技巧地倾听，为所有参与者提供建立联系、合作和沟通的机会。

- 作为支持者和激励者。
- 作为主动的学习者,在学习之路上与幼儿并肩前行。

我们如何基于以上这四个方面为幼儿教师提供专业学习的机会呢?教师怎样才能成为主动的学习者,以便他们既能了解探究活动背后的理论,又能了解如何通过为幼儿提供材料和引导而将这些理论落地呢?

心 智 倾 向

你能很轻松地面对让你感到不轻松的情况吗?比如,学到一个新的理论后,即使你不确定如何把它付诸实践,你也要这样做。在一定程度上,我们的心智倾向支配着我们应对新情况。有些人愿意接受变化,而有些人想尽办法避免面对变化。如果我们认为自己拥有某一心智倾向,比如,回避挑战,那么我们有能力去改变它吗?许多教育工作者意外地发现,如果他们能够获得支持和鼓励,那么他们就能够开展新的教育实践并对工作持全新的态度。

肯·罗宾逊爵士一直以来都在倡导,人们应该在教育方面做出改变。他认为,当我们思考教育方面的改变和创新时,我们有三类心智倾向。他根据这三类倾向将教师分为三类:一种是希望一成不变,一种是希望有所变化,还有一种是行动派,即渴望学习并鼓励其他人加入他们。当然,我们无法被准确地归到某一类.因为作为人类,我们的态度极少会一成不变。因此,这也为我们提供了一个成长的机会。我们如何利用自己的好奇心来促进自己的专业发展呢？我们如何把对改变的沉默态度变为对改变的兴奋态度呢？

我认为，答案就在于关注幼儿并思考怎样做才是对他们最好的。如果我们相信幼儿具有强大的能力，那么我们就能找到赋能幼儿的方法，让幼儿自由地进行探究活动。当我们能轻松地这样做时，我们最初感受到的失衡就会消失。同时，当我们在一个支持性的环境中工作时，幼儿的探究活动也会得到其他人的鼓励和帮助。

支持教师开展探究实践的环境是怎样的

让我们回到本章前面提到的有关教师角色的四个要点，并深入思考一下：工作环境及其机会如何支持探究活动的开展和教师的专业成长。

作为学习者共同体的一员

当我们成为学习者共同体的一员时，即大家拥有共同的理念和愿景，我们就有大量的机会进行热烈的讨论。无论是在员工会议上、私人时间里还是在网上，学习者共同体成员可以通过研读档案记录、文章，或者批判性地思考他们最近所参加的会议和工作坊，产生新的想法和思考。学习者共同体成员也常常讨论他们的课堂实践，进而进行反思。当我们充分信任这样一个集体并愿意与成员分享时，我们就需要清楚地阐述我们所做事情的原因。

读书会也能引发大家讨论。一些读书会一个月召集大家见一次面，一起讨论某本书的内容。在这个过程中，问题将不可避免地出现。大家会将他们从书中了解到的一些方法付诸实践，然后可能同意作者的观点，也可能不同意作者的观点。无论结果如何，阅读和讨论促进了教师的专业发展。

通过有技巧地倾听，为所有参与者提供建立联系、合作和沟通的机会

当我们与幼儿一起进行探究活动时，我们怎样才能走进他们的游戏世界呢？我们所能做的最重要的一件事，就是学会真正地倾听。

卡林娜·里纳尔迪认为，倾听有多种含义，而不仅仅指倾听幼儿的语言。在《对话瑞吉欧·艾米利亚：倾听、研究与学习》（*In Dialogue with Reggio Emilia: Listening, Researching and Learning*）一书中，她用一系列隐喻指出了倾听的含义：倾听是指敏锐地察觉相互关联的模式；要用全部的感官去倾听，而不是仅仅用耳朵去倾听；倾听幼儿的数百种表达方式（包括幼儿的沉默）；倾听与情感紧密相连，如好奇、渴望和怀疑；倾听是一种提出问题而不是获得答案的方式；倾听是任何一种学习关系形成的前提（2006，p.65）。

里纳尔迪还指出："彼此倾听和相互期待是有助于促进人际沟通和对话的心智品质，尤其是对于幼儿来说。它需要在他人的理解和支持中形成。事实上，就隐喻的层面而言，幼儿是他们周围现实世界的最伟大的倾听者。"（p.66）

这种深入的倾听会变成探究活动的工具。当我们在班级一

日活动中倾听和关注幼儿的时候,我们便打开了一扇有可能进入幼儿的世界的窗口,并通过回应追随幼儿的视角。倾听—思考—回应,这样一个循环往复的过程,促进了我们的专业成长。随着时间的推移,我们将能够区分哪些瞬间对于幼儿来说是不重要的,哪些瞬间需要自己日后多加关注。这种能力不是与生俱来的,是我们在长期的实践中、在与同事的多次讨论中逐渐形成的。

让我们一起来看一个在真实的教室中有关倾听和关注幼儿的例子。

以上这幅画出自一名幼儿之手。这名幼儿所在的班级采用的是以游戏为中心的课程。她很难适应班级生活。每天上学时,她都能轻松地在幼儿园门口跟妈妈告别。但是,一旦进入教室,她就好像被"冻住"了一样:无论教师怎样支持和鼓励她,她都不参与活动。她通常会一动不动地观看别人游戏。只有想上厕所或者吃点心的时候,她才会在教室里走动。此外,她也从来不说她看到了什么(虽然她的妈妈告诉我们,她回到家里后特别爱说)。看到这名幼儿没有因此而感到很沮丧或者不自在,教师就用了几天的时间来观察她。其他幼儿试图邀请她一起玩,但是都没有成功。教师知道她在家里很喜欢画画,所以有一天,教师为她提供了笔和纸,鼓励她"把教室里喜欢的事物画出来"。

以上这幅画"告诉"教师很多信息。这名幼儿没有把教室里的游戏区或者区域活动画出来,而是画了班级常规活动——班会时间(画中方形地毯处)和小组活动时间。此外,她还画了教师的"乱糟糟的工作台"。

从这幅画里,教师可以得出什么结论呢?通过"倾听"这名幼儿的另一种语言(即绘画作品),教师了解到,她对结构化的活动感到更自在,而这样的活动在以游戏为中心的班级中很少;自主选择的游戏活动,则让她感到无所适从。

通过倾听,教师了解了如何去帮助这名幼儿。教师重点支持和引导她参与小组活动,同时不用过于担心她不愿意参与游戏活动这一问题。当然,在自选活动时间,她也应该与其他幼儿在教室里的各个区域中玩耍。但是,她花了几周的时间才做到这一点。与此同时,在晨会时间里,她也加入了大家,并慢慢地开始分享她在教室里所看到的一切或她的生活经历。

这样的倾听——有同理心地倾听——提醒我们,要密切关注幼儿的行为和他们给出的微小线索。这样做也帮助我们成长,让我们用心回应幼儿,开动脑筋调整课程。

作为支持者和激励者

当我们与幼儿在一起时,我们扮演着多种角色。当我们与幼儿一起进行探究活动时,我们会支持他们的想法,满足他们的好奇,而非代替他们进行学习。在早期教育领域,很久之前我们就已经放弃了"填鸭式"教育方式,或者把幼儿当作一个空瓶子向他们灌输知识。那么,我们怎样在不干涉幼儿天生的好奇心、游戏的需求和尝试新事物的意愿的前提下,支持幼儿的想法并保持他们的兴趣呢?我们在教室里的一言一行都会对幼儿产生直接或间接的影响。所以,意向明确应该是我们的目标。我们在为幼儿提供刺激物、活动时,或者在对环境做出改变时,都要牢记我们的意图。刺激物只是为幼儿提供了一种选择。

教师的激励者角色非常有趣。我们希望通过提供挑战来引发幼儿的回应。这些挑战有可能针对幼儿的思维,也有可能针对材料的使用方法。我们应该从积极的意义看待这些挑战,因为它们让幼儿以不同的方式思考问题,或者让幼儿提出更多的想法。

换句话说,就是让幼儿重新开展活动。"重新开展"(relaunch)这一词语,也常常出现在瑞吉欧教育模式里,是指教师作为支持者和激励者通过倾听幼儿的对话或想法,向幼儿提出问题,让幼儿重新开展活动或拓展幼儿的思考。以下是瑞吉欧教育工作者所记录的一个活动。

幼儿在教室里使用黑色、蓝色和白色的蜡笔画画,并在画完后向教师解释了他们的画。在仔细地倾听了幼儿的解释后,教师问幼儿:"你们能给我讲一个有关这三种不同颜色的蜡笔的故事吗?"幼儿接受了这个建议,于是创编了许多故事,讲述了这三种不同颜色的蜡笔之间的关系,比如,"看,它们是好朋友,它们正在触碰彼此。""你能看见白色,是因为这里是黑色的。"后面这句话是一个4岁的幼儿说的,它让教师感到很震惊。这句话向教师表明,幼儿知道白色的蜡笔在白纸上无法显现,必须用黑色或深一些的颜色做背景才行。幼儿的表述对教师接下来要做什么非常有启发意义!

作为主动的学习者,在学习之路上与幼儿并肩前行

我们常常无法准确地知道幼儿的意图或者想法,这没有关系。作为主动的学习者(即那些被邀请后能参与游戏,知道材料的各种可能用途,并且一直都在尝试的人),当我们走近幼儿并了解他们使用什么材料时,我们将发现幼儿的更多想法。如果我们把自己视为与幼儿并肩前行的学习者,那么我们将改变我们的教学实践,从依赖"无所不知的"的教育家进行教学转变为与幼儿一起不断地进行探究、获得发现。这种视角让我们很兴奋,促使我们为幼儿研发出一个更丰富的、更能回应他们需求的课程。

针对探究实践的专业学习是怎样的

当我们将自己和幼儿视为共同的探究者时，我们就要花时间仔细观察幼儿正在做什么、认真倾听幼儿的想法和思考、对这些想法进行反思并在思考多种观点后做出回应。

无论你是否接触过探究式教学，你都可能需要通过专业学习来支持自己开展这类实践。哪些专业学习的机会能帮到你呢？我们每个人获取和使用信息的方式可能都不同。但是，有一点对于我们所有人来说都适用，即如果我们想要更轻松地实施探究式教学，获得更多的关于探究式教学的知识，那么我们就需要参加会议、工作坊和一系列研讨会，以实践和深入思考探究活动。

以下是我在指导教师时所使用的一些方法。这些方法曾帮助他们更好地了解探究式教学活动的多种影响因素。

- 为教师提供摆弄材料的机会。当我让教师3~4人一组使用开放性材料进行探索时，神奇的事情发生了。首先，当给予教师充足的探索时间时，这些材料的多种可能用途就变得显而易见了。当教师与其他人一起探索时，比如，合作探索或是在他人旁边探索，教师就会看到其他人正在做什么，他们可能一边探索一边交流，互评彼此的做法。教师也可能独自一人安静地探索、沉思。这些经历正是我们希望幼儿在摆弄材料的过程中可以获得的体验。此外，在探索活动过后，询问教师也非常有价值，可以让教师反思他们在探索活动中的感受和认识，思考他们使用开放性材料的过程如何影响他们的幼儿教育工作。比如，一些教师发现了这些开放性材料的其他可能用途，于是在教室里增加了它们的使用次数，或者重新摆放它们，以便幼儿能更容易地使用这些材料。

- 让教师互相观察。作为教育工作者，我们可能会说我们非常善于观察，我们已经通过培训掌握了观察方法，或者已经养成了在教室中定期观察幼儿的习惯。但是，我们真正关注的是什么呢？我们观察到了什么呢？卡罗尔·安妮·威恩博士认为，"我们倾向于观察自己已知的事物"（pers.comm.，2016）。也就是说，当我们在熟悉的环境中观察熟悉的幼儿时，根据以往的经验，我们可能料想到将会发生什么和这件事意味着什么。为了打破这种惯性思维，让教师走出舒适区练习观察很有用。我让两位教师探索和摆弄开放性材料，让第三位教师观察、倾听和做笔记（但不干涉，也不进行评论）。由此，我让大家产生了一种真正进行观察的感觉。之后，负责观察记录的教师汇报了她所关注的事情和记录下的信息。另外两位教师分别解释了他们的想法和行为。三个人之间进行了一场有趣的对话。这场对话提醒我们，我们需要关注游戏中的一些小事情，关注游戏中让我们感到困惑的地方，关注游戏中的对话。此外，这也提醒我们，在观察和解读幼儿的游戏时，我们要持一个开放的、灵活的思维。这就是团队工作的美好之处——我们思考所有的观点，而这些观点可能各不相同。这就给了我们进一步讨论的机会，让我们在做决定或向前迈进之前，明确别人的意思，同时阐述清楚我们自己的观点。

- 为教师提供一些问更重要的问题的机会。之前我提到过，我们不应该只关注幼儿的发展领域。那么，我们怎样才能学会提问"更重要"的问题呢？一个方法是观看有关幼儿活动的录像片段，然后与工作坊中的其他参与者或者团队中的其他成员对话，共同讨论录像内容。每一个人对录像内容的关注点可能都不相同。之后，大家就需要针对录像内容提出一些问题，努力地往"更重要"的方面去思考。比如，通过观看下面这张图片,教师可能会想出一个有关教学理念且能激发他们进行进一步思考的"更重要的"问题。

小朋友们花了很多时间在教室里建造一间树屋。在拆掉这间树屋前,我邀请幼儿把他们的"杰作"画下来。我很好奇他们会画成什么样子,他们的画又有何不同。因为他们是围绕着树屋作画的,所以他们观察的角度各不相同。之后,我观看了他们的绘画作品。在观看时,我本应该关注他们的表征技巧,但是我更好奇:"从不同的视角绘画,是如何影响幼儿对一个事物的理解的?"这是一个"更重要"的问题。因为这些幼儿喜欢画画,所以我便在一些场合给他们提供了许多物品,让他们从不同的角度绘画,进而探寻这个问题的答案。幼儿注意到他们彼此的绘画作品有很大的不同,于是我们开始从字面意思探讨"视角"这个问题。

有时候，当我们观看幼儿活动的照片或录像时，我们需要一个激励者来激发我们进行更深入的思考。

莉兹·希克斯（Liz Hicks）是一名经验丰富的顾问，她与加拿大东部省市的教育工作者们一同工作。这些教育工作者所在的园所采用的是以探究为基础的生成课程或者瑞吉欧教育模式。当我询问她是怎样看待她的激励者角色时，她是这样回答的：

> 我总是惊奇于人们对我的作用的看重。在他们的眼中，我是一名"能引发他们思考的提问者""顾问"和"具有批判思维的朋友"。我常常好奇自己是否真的有这么大的影响。一些教育工作者告诉我，我让他们能够顺利工作，帮助他们以不同的方式看待幼儿的想法、游戏或工作，使他们的工作更有意义。我很喜欢与这些教育工作者交流。他们热情地讲述了幼儿关注什么，他们作为教师对什么感到好奇，以及又是什么吸引了他们的注意力。
>
> 在我所工作的一家幼儿园里，我每隔一周都会参加班级的教师团队会议。
>
> 在教师团队会议开始前，我通常会观察当天上午或者当天进行游戏的幼儿（而不是教师，除非教师希望我关注某一问题并给予他们反馈）。我还会阅读班级张贴出来的活动计划、反思和档案记录，并把教师或幼儿的思考痕迹记下来。
>
> 我很幸运在这家幼儿园工作了很多年，我和所有的员工都建立了亲密的关系，而这是我工作中的一项重要

内容。

在教师团队会议上，我们常常使用玛吉·卡特（Margie Carter）、德布·柯蒂斯（Deb Curtis）和安·佩洛（Ann Pelo）所发明的"思维镜头"，来思考教师所做的轶事记录和他们拍摄的照片。

有时候，教师不会把他们所做的观察记录带到会议上讨论。这时，我会问他们关注到了什么，或者把我在他们的活动计划中所看到的内容提出来，然后使用"思维镜头"切入问题。有时候，我也会利用自己所做的观察记录和拍摄的照片来引发教师讨论。

我还使用过以下技巧和问题。

- 有关感受的开放性问题，比如，"当前什么让你感到很兴奋？""这些活动的哪些方面吸引了你，让你想要去尝试？"
- 我看到你把_____投放到了_____区域。你是如何向幼儿介绍这些材料的？是什么让你决定把这些材料投放到这个区域的？
- 我很好奇，当幼儿在_____区域做_____时，将会发生什么？
- 我想知道如何_____。
- 今天，我记录了_____。让我们一起讨论一下我所看到的_____。我很好奇，你是怎样看待这件事的。
- 我想更多地了解_____。
- 如果_____，那么会发生什么？

- 对于正在发生的事情，你有什么样的猜测呢？
- 你为什么认为这件事会发生？
- 你看上去很喜欢_____。

我所面临的挑战之一就是让教师们放慢脚步，让他们从快速且草率地提出一个"重要的"想法中慢下来，让他们从想要快速地创造一些东西中慢下来，让他们从快速地决定下一步活动中慢下来。

我们生活在一个需要快速解决问题、需要一个作品来证明我们的价值或者证明幼儿在幼儿园学习到了什么的时代。但是，作为幼儿教育工作者，我们工作的最大价值是仔细观察和倾听幼儿，花时间与同事一起思考什么吸引了幼儿，下一步怎样做才能进一步激发幼儿的好奇心，让他们在探索和发现中获得更大的快乐。(pers. comm., 2017)

虽然思维导图已经存在很长一段时间了，但是我认为它仍然是一个非常有用的工具。它让人们了解了自己都有哪些知识和经验，并通过连接线、符号和问题让人们思考每个已有知识和经验的影响。

下面这张非常粗糙的思维导图是由我所在班级的实习教师绘制的。我让他们思考，生成课程和档案记录之间有什么联系。这张思维导图看上去杂乱无章，正如我们的思维过程有时候就是杂乱无章的一样。

从这张图片中，我们可以看到各种联系：生成课程与档案记录之间的联系；方法与实践之间的联系；

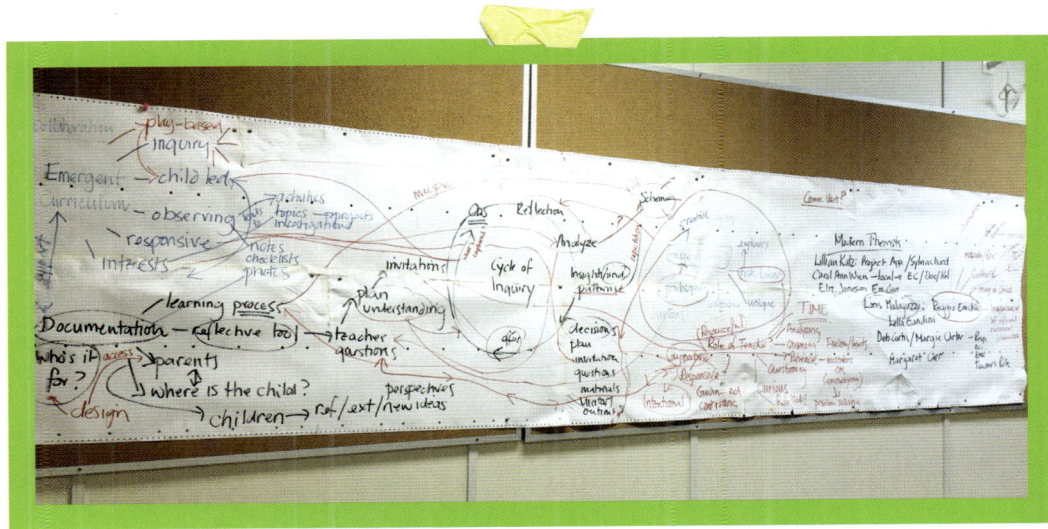

什么是思维导图

虽然组织结构图已经存在几个世纪了，但让这种组织思维并将其绘制成图的形式流传开来的是英国的托尼·布赞（Tony Buzan）。

思维导图是一种围绕一个中心思想或词语来组织想法的视觉工具。从这个中心思想或词语（比如，画画）向外发散出很多粗线，连接了很多的想法。以"画画"一词为例，从这个词语发散出的线条分别代表"通过画画来学习""用画画来表征""把绘画作品作为一种语言"等。这些想法被写在粗线的一端，正如上面这张图片所展示的那样。

接下来，一些细线把这些想法和更多的想法连接了起来。有些人喜欢用不同的颜色代表不同方面的想法。随着思路的拓展，思维导图将会变得越来越复杂，各个想法之间的相互关系将会变得越来越明显。

最后，当这张导图绘制完毕时，我们将看到我们的已有知识和经验、围绕这个主题萌生的思考以及我们在工作过程中突然迸发的新想法。

儿童观、探究活动与这些方法背后的理论家之间的联系，等等。

在幼儿的探究活动中，思维导图又是另外一种工具。它让教师了解并理顺活动中发生的一切，包括幼儿的想法、幼儿的学习以及未来的可能性等。

教师、顾问、工作坊的讲师和教学主管需要长期合作。根据我的经验，无论一次性工作坊多么鼓舞人心，它都没有什么实际价值。基于参与者的班级实践经历而开展的一系列工作坊才有价值。现在，很多顾问会先举办一个工作坊或研讨会来介绍和探索一个话题，然后让教师回到他们的班级花两三个星期的时间去试验他们学到的新方法。这样当他们稍后重新聚集到一起时，他们不但能讨论他们取得的成功或遇到的困难，而且能以照片的形式呈现他们得到的数据，而这些照片将作为档案存放在档案袋里。

在举办了一次工作坊后，另外一种跟进教师并确保他们在实践中试验新方法的方式是网络沟通。在教学团队会议或者全园讨论会上，教师和教学顾问或者工作坊主持人在线讨论一个小时是非常有价值的。在这个过程中，教学顾问或者工作坊主持人可以给予教师信心，回答教师的问题，并和教师通过头脑风暴想出进一步的教育策略。读书小组有时也采用这种"虚拟的"讨论方式，让教师与作者或顾问进一步探讨书籍所要表达的思想。

通过这些专业学习，我们想得到什么呢？我们肯定不是想寻找并记住一些事实信息。现代社会,随着研究成果和知识被大家快速地分享,事实信息也在快速地改变。相反,我们希望通过努力地倾听、观察、体验创新的工作方法来促进思维发展。我们也会努力拓宽我们的思维,让它能够接受更多的可能性;就班级活动而言,这样做可能有点冒险,但是它让我们对工作充满激情。把教学视作探究活动可以让我们成为问题的提出者,而非知识的持有者。

在下面这个案例中,一位幼儿教师在迈向探究式教学之旅的过程中,其思想经历了一个巨大的转变。

从预设活动转向探究活动:
与"小小世界学习中心"的琳达老师对话

如果你之前一直采用的是更为"传统"的教学方式或者主题式课程,那么现在你到了一个实施探究活动的幼儿园工作,你将如何改变思想和行动呢?你又有什么样的感受呢?

在学校上学时,琳达所学习的是游戏化教学的理念,接受的也是相关培训。她理解并认同这样的理念。但是,她在工作后发现,人们(有时候是园长和幼儿教师,但是更多的时候是家长)更关注幼儿的学业。这让她感到很不舒服,让她感觉没有忠实于自己的教育理念。

几年后,琳达加入了加拿大新斯科舍省布里奇沃特的"小小世界学习中心"。这所中心在唐纳·斯特普尔顿园长的领导下,推崇瑞吉欧教育模式和其创始人马拉古齐的理论。在这里,琳达不仅可以关注幼儿的游戏和探究活动,还得到了唐纳园长的积极鼓励。她的压力消失了，可以轻松地开展实践了。

琳达说："现在，教育回归了儿童。我相信幼儿的能力，并放手让他们活动。我意识到自己并不需要总是控制一切，因为幼儿能够主导自己的活动。我可以放松下来，享受快乐。现在，我想的是：'幼儿知道什么？''我在其中的作用是什么呢？'"

琳达记得，有一次她休假结束回到幼儿园上班时，她班上的一个小男孩走过来跟她打招呼。这个小男孩一直是由她带的，所以他们之间的关系非常亲密。这个小男孩兴奋地拉着琳达来到他的柜子前，向琳达展示了一颗小石头。他对琳达说："这颗石头像一只恐龙。我可以把它画出来。"这个瞬间"告诉"琳达很多信息。这个小男孩刚入园时还很不适应。现在，他不仅非常信任老师，还能透过具体的物体进行想象，把一个物体想象成别的物体。琳达在这一时刻意识到，正是她和幼儿之间的信任关系和开放性环境（开放的思维和开放的材料使用方法）激发了幼儿的想象。琳达可以抓住这一时刻引导幼儿进行更大的探究活动，当然这一时刻本身就很有价值。这个小男孩的思维得到了发展。通过良好的师幼互动，教师促进了他的发展。

在这个中心，鼓励幼儿想象这一做法体现在一日生活的各个环节。比如，午餐时间，当一名幼儿不小心撒了牛奶时，教师并没有狂奔过去进行清理，而是停下来问幼儿："嗯……这看上去像什么呢？"这是一种完全不同的教育景象。

试 一 试

1. 与教学团队成员一起想一想，如何看待教师专业学习的本质？你从这些专业学习活动中学到了什么？你还可以通过哪些途径获得专业学习？你可以邀请一名顾问、培训师、导师来指导你，而不用总是参加工作坊。如果工作坊对你来说很有帮助，让你学到了很多东西，那么你就要思考一下工作坊中的哪类学习活动对你有帮助，为什么？

2. 你认为，你的教育实践的哪一方面可以通过你的专业学习得到改善呢？你怎样才能做到这一点呢？

3. 与教学团队成员一起看一下，你所在的机构是如何为你们提供建立联系、合作和沟通的机会的？尝试使用思维导图表明这些方面是如何互相关联到一起的。

第六章　支持关系建立的环境

想象一下,你每天一走进教室就知道,无论你有什么样的想法、面临什么样的挑战或进行什么样的研究,你都会得到周围人、环境和材料的支持。这会对你产生什么影响呢?如果幼儿和教师想要充分地探究他们的想法,通过与人、材料互动来获得成长和学习,那么他们就需要一个支持他们与人、材料建立关系的环境。

在一个以探究活动为基础的班级中,我们既重视合作,又尊重个体的独立性。我们认为,每个人都是不可或缺的一部分,每个人都为班级的创造性活动做出了自己的贡献。作为教师,我们关注和重视每个幼儿独立的思想和行为,并留意每个幼儿的思考。与此同时,当幼儿对其他幼儿的游戏感到好奇、探究材料并与其他幼儿互动时,我们在这个过程中看到了幼儿之间的联系。有些教师会有意识地让幼儿关注其他幼儿的思考,以便激发他们进行更深入的思考,或者引导他们思考他人的观点。

当我们评价幼儿的游戏或者与幼儿一起阅读档案记录时,我们的言行很可能被幼儿模仿。比如,我所在班上的一名3.5岁幼儿在观看另一名幼儿的绘画作品时,说:"我真的很喜欢他这种把一页纸都画满的方式。我想知道,这里(用手指着)是什么。"这几乎就是我平时会对幼儿说的话。幼儿一直在倾听我们说什么,我们的言行会被他们捕捉到并被他们模仿。

幼儿与教师的关系

幼儿会为探究活动和教学带来什么呢?我们在其间的作用是什么呢?

当你思考童年的本质和你头脑中的儿童的形象时,你会想到什么呢?我们认为,幼儿是充满好奇的、有能力的、具有探究精神的个体。他们在家庭和社区生活中积累了大量的知识、经验。一旦幼儿能够清晰地表达自己,他们就会提出很多问题。即使那些还不能说话的幼儿也会用很多方式来表达他们的知识和好奇,如身体语言、面部表情、关注某一活动等。

你头脑中的教师的形象是怎样的呢?教师在教室里应该做些什么呢?传统的教育理念认为,教师是"知识的传授者"。但是,现代的教育理念并不这样认为,而且在以探究活动为基础的生成性实践中,情况也并非如此。为了与幼儿建立一种支持性关系,我们必须对我们所扮演的角色有清楚的认识。

我们如何与幼儿建立这种支持性关系,以激发他们的好奇心,促进他们的探究活动开展呢?我们可以做些什么呢?

最近,在加拿大新斯科舍幼儿教育学院的"生成课程与档案记录"的课上,我有幸邀请了卡罗尔·安妮·威恩博士给学生们做了一场讲座,讲座的内容是"在瑞吉欧的学校中,教师的角色是什么"。首先，威恩博士指出，"幼儿是有能力的、富有潜力的、擅长对自我经历进行意义建构的学习者"。之后，威恩博士继续与大家讨论了教师所扮演的几种角色。

- 倾听者——了解幼儿正在建立什么样的联系。
- 环境的创设者——创设能吸引幼儿参与游戏的环境。
- 记录者——记录幼儿的想法和感受，回顾这些想法以产生新的想法，并与同事、家长等分享。
- 交谈者——与幼儿一起思考，帮助他们更好地理解世界。
- 研究者——探究并试图了解幼儿的思考，和幼儿一起通过探究来学习，思考艺术工作室中幼儿的工作以研究艺术工作室中的材料（而非艺术活动）。
- 快乐的创造者——激发幼儿产生快乐、积极的情感。

威恩博士说："在我看来，教师要对幼儿做出共情性回应，包括态度真诚、专注（认真地倾听幼儿）以及欣赏幼儿的意图、努力。'（pers.comm., 2016）

让我们进一步思考一下，这种"共情性回应"将如何支持幼儿的探究活动呢？对于婴儿来说，当教师善解人意且细心观察他们时，他们很快就能信任他，以满足自己的需求。这些需求不仅包括身体和情感方面的需求，还包括对刺激、探索、新材料和有趣的活动的需求。对于蹒跚学步儿来说，他们开始表达自己的需求和想法，想要独立，但是还不能完全独立，他们有时候并不能完全了解自己真正想要的是什么。此时，教师就需要对他们保持敏感，及时回应他们。对于学前儿童来说，他们有能力表达自己的想法、理解和错误认识。此时，如果教师能认真对待他们的想法，花时间思考他们的想法，并做出恰当的回应，那么教师与幼儿之间将建立一种多么美好的关系呀！以上这些关系都是互惠互利的，关系双方都有话语权。

幼儿与材料的关系

当我们提到材料时，我们通常会想到那些无生命的物体，或者本身无生命但被幼儿当作有生命的物体。比如，积木是无生命的物体，但是幼儿可以把它想象成任何生命体。再比如，电线是无生命的物体，但是幼儿可以把它想象成一个人。那么，材料是如何与幼儿"对话"的呢？幼儿是如何与材料建立关系的呢？

要想弄明白这些问题，我们必须首先了解，无论是可以被持续使用的材料（即能够被改变形状、重新使用的材料），如沙子和水，还是不可以被持续使用的材料（即形态不能改变的材料），如积木和动物玩偶，它们都具有一种力量。这意味着，它们都能够起到一定的作用，引发幼儿的探究活动。这些材料是幼儿了解世界的积极推动因素，幼儿用它们来制作东西或表达想法。

马修·桑普森是一位经验丰富的早期教育工作者和硕士研究生。近期，在一个有关材料的动力作用的讨论会上，他把幼儿与材料之间的邂逅比作"幼儿带着他们的已有知识和经验前来探究材料。随着幼儿的理解能力的提高，新的方向和可能性便出现了"（pers.comm., 2017）。

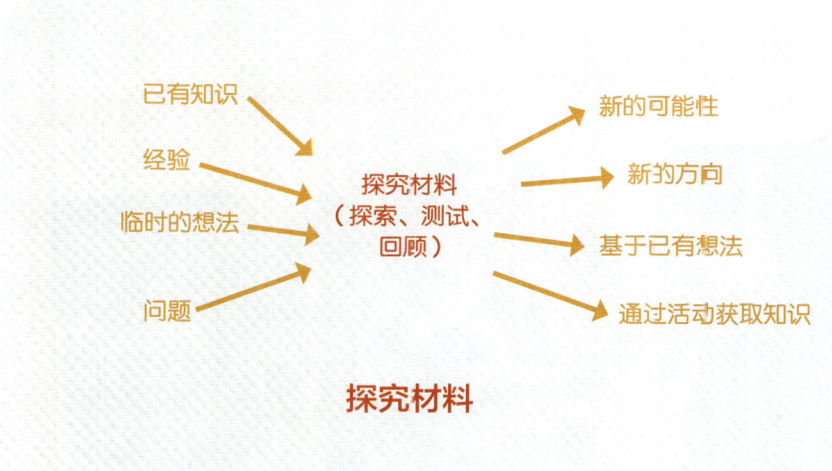

探究材料

在瑞吉欧·艾米利亚的学校里,教师对材料与幼儿之间的关系以及如何呈现材料进行了大量的思考。在《真正的童年:在活动室中探索瑞吉欧·艾米利亚教育模式》一书中,苏珊·弗雷泽告诉我们:"在采用瑞吉欧教育模式的班级里,教师不再孤立地投放材料;相反,他们会仔细思考材料与幼儿之间的关系,以及这种关系如何使活动更有意义。"(Fraser & Gestwicki,2002,p. 89)

教师对材料以及材料与幼儿之间关系的这种密切关注,说明教师目的明确。教师在投放任何一种材料之前都经过了认真思考。他们或者想让幼儿重复进行一种游戏,或者想引发幼儿进行深入的探究,或者想拓展幼儿的思维,或者想给幼儿提出一些挑战以引发他们讨论。

艺术工作室的作用

在瑞吉欧·艾米利亚的学校里,最有趣也最发人深省的一个区域就是艺术工作室。我们也把它称为"工作坊",认为它是一个"生产"奇思妙想的地方。艺术工作室有时候设置在教室里,有时候是一个独立的空间。艺术工作室里拥有各种各样有趣的材料,以满足幼儿的需求、激发幼儿思考或者维持幼儿的兴趣。全世界各地的早期教育工作者们都对艺术工作室表现出强烈的兴趣,并且怀着极大的热情创建了自己的艺术工作室。因为每一个空间都体现了其创建者的教育理念,所以这些工作室也各不相同。不过,它们也有一些共同之处。

美术教师维·维基(Vea Vecchi)描述了瑞吉欧·艾米利亚学校中的艺术工作室。

在艺术工作室中,幼儿手脑并用学习知识。同时,幼儿学习的过程也是一个理性与感性相结合的过程。在艺术工作室中,幼儿使用不同的材料、技术来构思和制作产品。幼儿是这些产品的制造者……在艺术工作室中,教师支持幼儿开展研究活动、倾听幼儿提出的问题……努力不把自己的想法强加在幼儿身上……允许幼儿自由地想象,让幼儿自己寻找和试验有关学习的策略。(2012)

维基之后继续谈论了幼儿与他们周围世界的共情关系。于是，我们又回到了幼儿与材料、与整个世界的关系话题上。

近期，在瑞吉欧·艾米利亚游学期间，一位美术教师的发言吸引了我。他说，艺术工作室会让师生产生共鸣。在世界各地，我们都会看到，幼儿在班级中探究材料，然后他们以小组的形式在艺术工作室中深入开展工作，最后他们把工作带回班级以便进一步探索。这样，他们就在小组活动和班级活动之间建立了一种关系，在不同区域的材料之间建立了一种关系。当我们学会在不同

的空间与不同的人通过不同的方式思考和使用材料时,探究活动就蓬勃开展起来了。我们会认识到,艺术工作室是一个能引发大家进一步探究、让大家倾听彼此和探索材料的使用方法的地方。如果你没有一个独立的空间作为艺术工作室,那么也不用担心。你可以创建一个角落或者寻找一个中心地带让幼儿探究材料。

与家长、社区的关系:重温档案记录的作用

如何让家长参与班级的探究活动呢?我们如何与家长建立一种伙伴关系,以便更好地指导幼儿呢?如何让社区成员对幼儿的活动感兴趣呢?

利用档案记录与家长沟通

档案记录已经成为我们和家长沟通的一种主要方式。无论是在教室里、走廊上展示的纸质档案,还是发给家长的电子档案,它们对家长来说都是宝贵的资料。档案记录包括幼儿和教师对游戏、探究活动的思考。通过阅读并评论档案记录,家长成为教室环境中不可或缺的一部分。

我们要邀请和鼓励家长分享他们的想法(对他们的孩子和整个教学的想法)、他们对探究活动的反应,以及他们对我们工作的疑问和困惑。我们也要鼓励他们分享,如果他们能进班待一段时间,那么他们可能在哪些方面贡献自己的力量。家长的这些评论和分享既可以作为持续的档案记录被保存下来,也可以吸引其他家长参与评论。

在《记录儿童的意图：与儿童、家长一起进行设计和创造》（*Documenting Children's Meaning: Engaging in Design and Creativity with Children and Families*）一书的前言中，贾森·埃弗里（Jason Avery）、卡琳·卡拉汉（Karyn Callaghan）和卡罗尔·安妮·威恩博士指出，"本书描述了一种与幼儿共处的方式。它让幼儿可以和家长共享高质量的活动，有利于拓展幼儿的创造力和想象力。我们喜欢这本书的其中一点是家长的积极参与，以及他们愿意陪伴孩子一起活动"（2016，p. 3）。

在这本书里，的确有许多照片展示了"亲子活动"的美好案例。这些照片是在一个非全日制的幼教机构中拍摄的。这个机构中的幼儿年龄大小不一，而且他们只是有时候来这个机构。很多教师认为，对这个机构中的幼儿进行档案记录是一个非常大的挑战。然而，正是档案记录帮助了这个机构，因为当幼儿几天后再次来到这个机构时，他们可以重温上一次的活动。正如本书作者所言，档案记录"让幼儿的想法得以延续"（2016，p. 7）。我们可以看到，档案记录对于所有的非全日制机构都有帮助。

利用档案记录与家长一起开展研究

当我们记录想法和问题（而不仅仅是"发生了什么"）并与家长讨论我们所做的档案记录时，我们就开始了一起探索的道路。我们想更多地了解幼儿正在做什么和他们做这件事的理由、教师的想法和反应、家长的反应、环境中的材料及其作用。对于这些问题，我们可以在日常实践中探寻它们的答案。我们可能不太确定接下来要做什么，但是通过解读幼儿的语言和行为，我们会得到一些线索。我们可能为幼儿提供一个刺激物，也可能一边与幼儿、家长观看照片一边与他们交流，并欢迎他们提出自己的看法。

在社区里展示档案记录

我经常参加行业内的讨论会。在讨论会上，包括我在内的早期教育工作者经常感叹，圈子外的人们不理解我们的工作和工作方式。我们希望大众，特别是我们所在的社区成员，能够了解我们对日常工作的深入思考和我们对幼儿的深切关心，比如，我们如何三思而后行、如何重视游戏，以及为什么重视游戏。我们特别希望社区成员了解幼儿的能力。幼儿可以通过口头语言或者图画展示他们对世界的了解。我们希望他们尊重幼儿的思考和想法，因为它们值得被尊重。

我相信，我们可以通过在社区中展示有关幼儿活动的档案记录来实现以上目标。虽然我们经常可以在幼儿园中看到高质量的幼儿活动档案记录，但是在公共场所很难看到这些档案记录，至少在北美洲是这样。

我们可以想象一下，当我们在公共图书馆、医生的办公室、渡轮码头等公共场所展示幼儿活动的档案记录时，它将会产生什么样的效果。当公众阅读了档案记录，看到幼儿是如何解释某一事物的运作方式时，他们肯定会对幼儿的想象力、逻辑思维等心生敬意。我们需要他们对幼儿和我们工作的这份尊重。

多年来，瑞吉欧·艾米利亚学校中的教师一直与社区保持密切的联系。当地政府机关的工作人员、商人以及其他人在这所城市的很多地方都能看到幼儿的作品，比如，在地下通道和餐馆中，同时他们了解了这些学校正在开展什么样的活动。

当你打算与他人分享幼儿活动的档案记录时，请想一想"环境"一词的更广泛含义。同时，也请你想一想可以采取哪些方式与他人分享幼儿和教师的工作。

试一试

1. 把你所在班级的一日活动写下来。但是，不要写常规活动（比如，吃点心时间、午休时间），只把课程列出来。你能通过这张清单了解你是怎样实施自己的教育理念的吗？
2. 你认为自己在班级中扮演什么角色呢？把它们写下来。
3. 想象一下，你正在和幼儿做你想要做但是你认为在现实生活中不可能发生的事情。大胆想象。思考一下，是什么阻碍你做这样的事情？你怎样才能做这样的事情，哪怕只能做一点点？
4. 给班级的美术区或者艺术工作室拍几张照片，然后与班级教师一起观察照片并想一想，这个美术区或者艺术工作室向幼儿传递了什么样的信息呢？

第七章　探究活动实践

你知道，如何与4岁的幼儿一起探讨"真实的世界"和"不真实的世界"吗？"有生命的"或"死亡"是什么意思？"有生命的"和"真实的"二者之间有什么区别吗？你知道在跟幼儿探讨这些话题时从何谈起吗？应不应该与幼儿探讨这些话题呢？这是加拿大新斯科舍省哈利法克斯市"快乐角幼儿园"里的三位教师所面临的问题。

我之所以提及这个案例是因为：首先，它与我们分享了三位教师在幼儿的探究活动中所产生的不适感，即他们"不知道"或"不确定"接下来该做什么。不过，我们也看到，他们已经懂得如何克服这种失衡的感受并继续前行。其次，这个案例向我们展示了探究活动循环往复的过程，即仔细地倾听和观察幼儿—粗略地记录和反思—决定下一步要做什么—再次观察。在这个过程中，我们可以看到教师与教师、教师与幼儿建立了相互信任的关系。事实上，本书所谈及的探究活动的大部分构成要素都在这里呈现了。

4岁幼儿的探究活动

教师的自我介绍

S老师、A老师和B老师是第一次合作。S老师和B老师之前都没有当过幼儿教师,他们刚从一所两年制的幼儿教育学院毕业。A老师也毕业于这所学院,不过她已经在这所幼儿园工作三年半了。因为教育背景相同,所以他们三个人拥有一致的教育理念,也拥有一个良好的起点来分享彼此的观点。然而,即使是这样,他们之间也存在很多不同之处。从以下叙述中,我们可以很清晰地看到这一点。

S老师首先说道:

自从我的幼儿教师职业生涯开启后,我就有意识地在社区中收集人们的各种故事和观点。与幼儿、家长打交道,一直考验着我的倾听和观察能力。在获得学前教育文凭之前,我曾当过舞蹈演员和戏剧演员。这段从业经历让我对人际互动很感兴趣。在幼儿教育学院上学时,我发现自己对班级文化氛围的营造以及环境对幼儿、教师的学习的重要性非常感兴趣。我越来越想创建一个人人都能被看到和听到,并且能反映集体价值观的环境。

在毕业后的最初几个月里,我感到有些力不从心,因为我无法很好地理解并实施有关最佳教育实践的理论。当我和两位新同事一起照顾班里的23个孩子时，我迫切地想知道，我过去学过的哪门课程能帮到我。我害怕极了。这时，我想起了我的大学老师埃米莉·马蒂内洛曾经说过的一句话——"每个人都能凭借自己的能力做到最好"。我知道自己擅长倾听，所以我打算从倾听幼儿开始。

B老师接着说道：

当我接到"快乐角幼儿园"的录用通知书时，我对自己说："接受挑战。"这所幼儿园在早期教育领域非常出名。我将要去这样一所幼儿园工作。我将要和一群陌生的幼儿打交道。这群幼儿能够熟练地使用英语，并且正处于想象力旺盛的年龄段。因为英语不是我的母语，所以我能听懂他们说的话吗？此外，我还将要与两个搭档一起工作，而且我们三个人拥有不同的文化、种族、身份、价值观、人生观和信仰。这一切对于我来说都是挑战。

我曾经在菲律宾当过八年的社工，致力于帮助那些极需支持、关爱和照料的人。我上学时主修家庭动力学与儿童教育。这是我从事幼儿教师这个职业的原因。

上大学后的最初几个月，受文化和家庭观念的影响，我很难适应，也很难放开自己。当社工时，我们意在进行个体实践并致力于为每个人谋取最大的福利。我们也会以团队的形式工作，而团队成员来自不同的行业，拥有不同的教育背景。这些过往的经历，最终帮助我适应了学校生活。

A 老师也分享了自己的经历：

自从我的孩子艾丹出生以后，我就对幼儿教育产生了兴趣。我想知道，这个小小人儿是如何成长的，以及我可以怎样帮助他获得最好的发展。在这种兴趣的驱使下，我走进了新斯科舍幼儿教育学院。上学期间，我对于如何为幼儿设计一个桌面活动很感兴趣。我希望，在没有教师的指导下，幼儿可以通过桌面活动来提升自身的一些技能。同时，我也对幼儿的项目活动以及档案记录很感兴趣。在幼儿园实习期间，苏珊是我的指导教师。在她的帮助下，我看到学龄前儿童是如何参与项目活动、进行集体讨论的。他们所讨论的内容给我留下了深刻的印象。大学毕业后，我就来到了"快乐角幼儿园"工作。在工作过程中，我探索了各种档案记录的方法。

跟其他教师一样，我也遇到了"如何让家长阅读幼儿的档案记录并花时间进行档案记录"的问题。最终，我与 S 老师、B 老师一起找到了一种有效的档案记录方法，以促进幼儿的活动向纵深发展。在来加拿大之前，我在大学里学习人工智能，专攻高维数据结构的可视化问题。虽然人类的大脑更灵活，但是我发现模拟网络和人类大脑有相似之处。我开始对人类智力的功能和发展产生兴趣。这就是为什么幼儿教师对于我来说是一项很迷人、很让人兴奋的工作。

建立关系

S 老师、B 老师和 A 老师意识到,他们之间必须先建立一种相互信任的关系。只有这样,他们才能通力合作并反思幼儿的所想所为。下面,他们描述了他们之间是怎样建立这种相互信任的关系的。这种相互信任的关系让他们在将来更有信心进行"冒险性"探究活动。

S 老师说道:

当我确定要与 A 老师、B 老师一起工作时,我想起了之前与陌生的演员一起表演的经历。我问自己:"我能做好吗?"在过去的职业生涯中,我也经常思考这个问题,但是这次这个问题的分量更重。我们将一起教育和照料别人的孩子。这听上去就令人害怕!我们必须和睦相处、理念一致、相互欣赏。这就是我当时的想法,它促使我尽可能地深入而充分地了解我的两位同事。

在秋季新学期开始前的几个月里,我们三个人经常一起相约吃饭或喝东西。我们三个人来自三个不同的国家,拥有三种截然不同的文化。我们说四种语言,有着不同的饮食习惯、宗教信仰、性别和肤色。尽管存在这些挑战,但是我们也有一些共同点。起初,我们偶尔会不好意思否定对方的观点。但是,随着我们的关系变得越来越亲密,我们很乐意打破我们对教师形象的传统认识。我们承认,教师不是完美的,也有不足;教师不是无所不能的,也有脆弱的时候。正是这种认知让我们之间建立了一种相互信任的关系，进而让我们在与幼儿互动时做真实的自己。

我们找到了直面这种不足和脆弱的方法。我们从其他教师那里接手了一间教室，然后在一个周末相聚在教室里。我们仔细地观察了教室里的物品，包括家具、材料、盆栽等。我们对每一件物品都进行了讨论：它适合留在我们的新教室中吗？

我们的标准是，这件物品要么极其有用，要么极其漂亮，否则我们就要把它扔掉（Kondo，2014）。同时，我们也深入探讨了那些无生命的物品，如台灯、凳子等。我们希望努力创建一个可以被称为"家"的地方。我们希望我们的班级既尊重个体又重视集体，同时可以吸引幼儿探索并贡献自己的力量。

在接受戏剧培训期间，我所学到的是如何把我们彼此联系起来，如何把我们与我们所在的空间联系起来。其中，一项练习活动是要求每个人挑选两名同伴，然后三个人组成一个等边三角形。其中，一个人要一直跟着另一个人移动，并且三个人之间一直保持相同的距离。通常，有20个人要参与到这项练习活动中，大家一起移动，并一直保持一个等边三角形。这几乎是一个不可能完成的任务，因为每一个人的移动都会引起其他人的反应。我与A老师、B老师之间的关系与此类似。我希望与他们两个保持相同的距离，努力让我们彼此之间的价值观和需求保持平衡。当我们之间的等边三角形关系变成等腰三角形或者锐角三角形关系时，我们就需要调整。然而，我们一直在调整，因为外部力量总是干预我们并为我们设置障碍。不过，当我们形成等边三角形的关系时，我们就可以做真实的自己，安静地陪伴彼此。这时，我们处于最佳的状态。我们已经认识到，这种等边三角形关系让我们变得勇敢。

B 老师说道：

我之前就说过，我们三个人各不相同。抛开我们之间存在的差异不提，我们所面临的最大挑战是，新学期开学之前，我们没有机会一起共事、了解彼此。但是我们没有消极地应对此事，而是在下班后共进晚餐。在共进晚餐的过程中，我们不仅讨论了我们的班级工作，还聊了我们的日常生活。进餐的过程充满了欢声笑语。当然，我们偶尔也会有一些分歧。尽管我们之间存在差异，但是我们都渴望成为目的明确的教师。

比如，在布置教室环境的时候，我们不仅要考虑它的内部设计，还要考虑它的材料投放问题。所以，在一个星期六，我们来到教室重新布置了环境。虽然我们之前已经制订了一个环境布置方案，但是事实上我们发现还需要对一些地方做出调整。材料和家具的去留问题一直是我们讨论的焦点。但是，因为我们在讨论的时候目标明确，所以我们达成了一致意见。最终，我们的教室环境得到了同事、家长及大多数幼儿的赞许。开学后，教室环境让幼儿感到舒服、自在。他们慢慢熟悉了教室里的各个区域和材料，从而减少了挑战性行为。我们三个人对待幼儿、家长的方式一致。我们经常与家长交流，并通过持续地关心和照顾幼儿让家长感受到，我们对他们的孩子视如己出。为家长提供幼儿在园一日生活的信息而非仅仅告诉他们"孩子度过了美好的一天"，也至关重要。

把真相写下来

S老师谈了他对"真实的"和"有生命的"这两个概念的看法：

要想回答幼儿的问题，我们自己首先必须知道答案。但是，有时候，我们无法回答幼儿的问题，不知道"正确"的答案是什么。事实上，我们不需要知道正确的答案，我们只要愿意和幼儿一起寻找真相就可以。我之所以使用"真相"这个词语，是因为真相依赖个体的感知和经验。

我们在收集了幼儿的绘画和书写作品后第一次意识到，幼儿对"真实的"和"有生命的"这两个概念之间的差异很感兴趣。幼儿阅读了一个关于面包皮人的虚构的故事。之后，他们围绕这两个概念提出了很多想法。

A老师向我们讲述了这个虚构的故事：

孩子们所深入讨论的第一个故事人物就是面包皮人。故事的开头是这样的："如果你不吃掉面包皮，那么面包皮人就会在你熟睡的时候来到你的床前，把面包皮撒到你的床上。这样一来，你就会全身发痒，睡不着觉。面包皮人是由面包做成的。他住在火星上，身材小小的。他有特殊的装备能帮助他找到你的床。面包皮人希望人们不要浪费他们的食物。"

去年,我们所带班上的幼儿制作了一本有关面包皮人的故事书,里面配有大量的插图。今年,我们与现在班上的幼儿分享了这本故事书,并鼓励他们制作一本自己的故事书。

然而,幼儿并没有制作故事书,而是沉浸在这个故事中。他们想写一封信并把它寄给面包皮人这个虚构的故事人物。然而,他们必须找到一种寄信的方法。经过一番讨论后,他们得出结论,面包皮人会造访班里不吃面包皮的小朋友的储物柜。所以,他们把信写好后放到这名幼儿的储物柜里。每个小朋友都画了画,然后教师帮他们把他们的问题写在信上。

放学后,我扮演面包皮人回复了幼儿的信件。这样,他们一收到回信就会相信面包皮人真的存在。我和同事一起讨论了面包皮人会在信中说些什么。我们一致认为,虽然我们可以回复幼儿的信件,但是我们不会回答那些没有明确答案的问题。比如,如果幼儿询问面包皮人是不是真的存在,那么我们不会提供一个明确的答案,而是让幼儿自己思考。

当幼儿收到面包皮人的回信时,他们非常兴奋,并认真思考了信上的内容。幼儿甚至指出,面包皮人实际上也在浪费面包,因为他把面包皮撒在小朋友的床上。这个观点很有趣,我们之前都没有想到。我需要和同事讨论一下怎样回复幼儿,以免面包皮人的行为被视为浪费。我们决定让面包皮人只往小朋友的床上撒过期的、不能吃的面包皮。

　　幼儿和面包皮人互通了大概20封信件。尽管幼儿经常重复问相同的问题，但是我都会把这些问题写在信上。随着来往信件的增多，幼儿的问题变得更复杂了。我们很高兴地看到，幼儿能如此深入地进行思考，尽管他们思考的对象是一个虚构的故事人物。

　　在这个写信活动刚开始时，幼儿并不确定面包皮人真的存在，因为当他们没吃面包皮的时候，面包皮人没有把面包皮撒在他们的床上。于是，幼儿在信中提出了这个问题。然而，在这个写信活动快结束时，幼儿确信面包皮人是存在的，因为他们收到了回信。

　　我还鼓励幼儿把面包皮人画下来，或者更确切地说，是让幼儿想象一下面包皮人的样子。我把其中一名幼儿画的面包皮人做成玩偶，让幼儿使用玩偶和玩具屋创编一个故事。

一些幼儿对教师的提议表现出了浓厚的兴趣。他们还想为面包皮人建造一座房子,以便面包皮人可以造访我们的学校。建造房子是一个大工程,建好后,幼儿还要花很长时间来装修这座房子。

我们要求幼儿先在纸上画出面包皮人,然后再用黏土制作面包皮人。

我们把全班幼儿分为三组,每组由一位教师带领。面包皮人的故事始于我带的这一组幼儿,并自然而然地传播到另外两组。每天,我们三位教师都会分享自己组内发生的事情,并设计了不同的活动作为回应。我认为,当幼儿被这个故事人物深深地吸引时,我们所能做的就是研究如何最大限度地支持幼儿的兴趣,促进他们的想象力发展。面包皮人的故事让我们了解了,哪些方法有效以及它们如何影响幼儿的行为。我们也想看看我们如何开展团队工作,虽然在小组活动时间,我们每个人都各带一组幼儿进行活动。在这个阶段,我们还没有在教室里展示我们所做的档案记录,所以此时我们只能讨论教室里所发生的事情。

B 老师分享了她的思考和幼儿的恐惧:

幼儿相信面包皮人真的存在。在我所带领的小组中,有两名幼儿更是虔诚的"信徒",因为他们曾经非常讨厌吃面包和比萨上的皮,但是现在他们开始吃了。有些幼儿则很害怕面包皮人的存在,并认为他是一个坏人。他们想要毁灭他,比如,将他浸入水中,这样他就会变软且容易入口,或者把面包皮人扔到专门用来放厨余垃圾的绿色垃圾箱里。这些有"暴力"念头的幼儿并非真的想杀死面包皮人，他们只是想摆脱他。

幼儿认为，面包皮人与我们幼儿园操场上的稻草人、教室里的半身像有关。他们会在晚上聚到一起，或者藏在门后。巨怪和外星人也会出现。我们倾听他们的诉说。我们没有阻止他们争论，也没有否定他们的想法，而是问他们："你们能再多告诉我们一些关于他的事情吗？"我们希望通过这样询问来点燃幼儿思维的火花。

S 老师继续补充道：

我们注意到，幼儿是如何讨论面包皮人是不是真的存在，以及他们是如何把他们对"真实的"和"有生命的"这个概念的认识融入其他游戏活动的。幼儿为"真实的"仙女们建造了房屋，创编了有关稻草人的故事。故事中，稻草人会在夜间复活，并且偶尔会与面包皮人互动。我们倾听幼儿论证这些人物存在或者不存在。我们允许幼儿从不同的角度思考，没有因为我们的信仰而打断他们。

当幼儿开始把某些事物明确地归为"真实的"或者"有生命的"时候，他们激发了我们的好奇心。比如，幼儿解释说，他们的家人既是真实的又是有生命的，而他们的感觉是真实的但不一定是有生命的。我们注意到，幼儿在理解一些抽象的事物（比如情绪）时存在困难。他们似乎意识到，能够被感受到但无法被看到的体验也是真实的。这又引发了另一个问题：有生命的东西也有可能是我们的肉眼看不到的东西。比如，两名幼儿就汽车是否有生命这个问题进行了激烈的辩论，因为汽车可以移动，被一种类似血液一样珍贵的液体驱动。其中一名幼儿认为汽车是"有生命的"，而另一名幼儿不这么认为，因为汽车不能说话。在他们争论的过程中，另外一名幼儿插话说，有些汽车依靠现代技术的支持也能说话。人工智能会是幼儿探讨生命之谜的另一个影响因素吗？

我们要遏制自己的偏见去真正地倾听这些辩论。这对于我们来说非常具有挑战性。幼儿问的是非常复杂的问题，引发了关于生命、死亡和存在的思考。我们认为，幼儿正在拼命寻找一个与他们的想法一致的真相。这个真相融合了现实和神秘，创造了一个任何事情都有可能的空间。我们相信，幼儿正在进行一场心灵上的探索。我们也相信，允许幼儿互相提问，可以营造一种珍视对话和试验的班级文化氛围。

有关幼儿活动的档案记录，杂乱无章却饱含价值

A 老师描述了一种不同类型的档案记录，即现场记录。

我们证明我们很勇敢的另一种方式是档案记录。我们运用潦草的形式记录下幼儿的活动。我们丢掉"要让档案记录看起来很漂亮"的想法，将所有的思考写在便笺纸或白纸上并将它们仔细地整理到一起。

我们把空白纸张放在教室的各个地方。这样一来，当我们与幼儿一起工作或当他们休息时，我们就能够随

时随地把我们的想法和教室里发生的事情记下来。

这样做也让我们在事情发生的当下，实时评论彼此的笔记。我们正在变得很勇敢，因为我们所做的这些档案记录看起来乱糟糟的，与我们自己以及阅读这些记录的人通常所期望的不一样。

当我们进行记录时，我们并不知道这些档案记录将会发挥怎样的作用，会是什么样子的，但是我们坚信它们会有用武之地。进行记录的过程让我们抛下我们对幼儿想法的臆测，并在事情发生的当下把它客观地记下来。我发现，这个方法可以把我们三个人的思考、疑问和难题很好地汇聚到一起。人们通常期望从正式的档案记录中得出一个结论，但是我们认为这样做很可能错过幼儿心中真实的想法。

我们没有在我们的档案记录中放很多照片，但是它所展示的内容照样吸引了很多人。幼儿对这些档案记录表现出很大的兴趣，因为他们知道他们的想法都被如实地写在了这些纸上。

当幼儿在课堂上再次讨论这些话题时，他们经常要求我为他们阅读纸上所写的内容。很多家长也对我们的档案记录很感兴趣。他们花时间阅读这些档案记录，并提出问题。要知道，吸引家长和幼儿的兴趣是很难的，即使精心制作的正式的档案记录也不一定能吸引他们的兴趣。所以，我们为我们所取得的成就而感到自豪。

其他班级的教师也会阅读和评论我们的档案记录。我们邀请大家走进我们的班级，把他们的想法写下来。

S 老师评价了这些"凌乱"的档案记录：

我们在教室的墙壁和橱柜上记录下这个庞大的项目活动。其实，我们只是把幼儿给予我们的所有信息张贴了出来。看，这间教室被便笺纸贴满了。

对于我们来说，之所以用这种方式进行记录有这样几个原因：首先，我们的教室很大，并且班上有很多孩子。在教室内，许多事情总是同时发生，所以我们很难坚持一种想法。当我们把信息张贴出来时，我们就可以及时跟进幼儿的活动。其次，它有助于我们三位教师在教学上一直保持等边三角形关系。我们默默承诺彼此：我们要尽可能倾听幼儿，收集尽可能多的信息，认识到教育工作中无小事。我们把幼儿所说的与"真实的"和"有生命的"相关的一切话语都记了下来。

幼儿了解了这种用来展示他们的学习的方式，于是，开始要求教师把他们的想法贴在墙上。他们像成人一样致力于这个活动。他们想要参与其中，获得发现。有一天，我正在和一名幼儿讨论什么样的东西才能被归类为玩具。我故意和她唱反调，问了一系列关于游戏和玩具的问题，以及成年人是否会玩这些游戏和玩具。她回答说："我不知道你在说什么。你必须向我提问我能懂的问题。"她想继续和我交流，想要和我聊更多。之后，她把一张画有画和写有字的纸递给我。她解释说，她希望我把它贴到墙上，让它紧挨着我针对这场谈话所做的档案记录。此刻，我意识到我们所做的事情是有意义的。她知道，她的想法和我的想法一样有价值，并且可以提供一些东西。她知道如何深入挖掘。因此，我们要真正地倾听幼儿。

时间和重要性

S老师陈述了这个探究活动的结尾：

这个具有纪念意义的探究活动开始于2016年9月，结束于2017年4月。在这段时间里，我们经常问自己："它快结束了吗？我们什么时候会知道这个活动完成了？"但是，我们总是延长这些档案记录的保留时间，只是为了看看……看看我们做了什么。

在探究活动中，新的想法不断涌现，并被展示在墙上。幼儿对话题的理解力提高了。在团队会议上，我们表达了自己对幼儿的每一个想法的看法。

我们针对要不要让幼儿公开地谈论死亡、外星人等进行了大量的讨论。幼儿谈论这些话题，会让我们感到不安。我也很担心，有一天家长会对我说："你在教我的孩子些什么呀！"我们三个人讨论了，在谈到这些话题时，我们应该鼓励幼儿什么、不应该鼓励幼儿什么。说到底，我们的恐惧来自我们自己的偏见和不安。我们也想知道，我们让幼儿探讨这些话题是不是有意义。再次承认我们的不足且相信彼此，让我们向彼此提出了这个问题。我向我的同事坦诚，我担心幼儿家长有意见，我们认为，我们所想的理由只是我们自己的驱动力，不是幼儿的。我们问自己："我们是否遵循了幼儿建造的道路，或者我们是否应该与幼儿一起共同建造这条道路？"我们得出的结论是，如果我们不与幼儿合作，那么我们"一不小心就会迷路"。我们决定，我们应该始终倾听幼儿和彼此。这些讨论让我们意识到，我们在这个旅程中发出自己的声音（提出问题）是如此重要，以及我们问对方这些问题的意图反过来会让我们在这个旅程中更好地陪伴幼儿。

B 老师补充道：

我们想知道，家长对这个活动有什么看法？他们的想法被展示在墙面上了吗？我们三位教师运用一致的教育理念来教育幼儿。家长很放心地把他们的孩子交到我们手上。他们与我们分享了他们的观点、观察和经验。我们班级的孩子来自不同的文化，所以孩子们可以了解不同的文化。我们的做法让家长认识到，虽然他们没有出现在教室里，但是他们参与到了孩子的班级生活中。这一点对于家长来说非常重要。

A 老师继续补充道：

当然，家长可能有顾虑。但是，我们通常是在开展完活动并向他们传达我们的意图时，我们才发现他们有什么顾虑。我觉得，有时候我们过于担心家长的反应了。虽然在探究活动一开始就与家长讨论探究的话题会让我们感到些许不安，但是我们很高兴我们这样做了，因为家长理解并参与了这个探究活动。他们已经从他们的孩子那里听了许多关于故事人物的事，所以他们理解我们为什么要在课堂上讨论这些虚构的人物……展示在墙上的档案记录让他们了解了，我们正在支持幼儿形成他们自己的想法。如果我们按照传统的方式展示档案记录，即等档案记录全部完成后再展示，那么家长很可能就会因为不能及时了解幼儿探究活动的进展而担心。这是我们现场进行档案记录的好处。

提问——保持能量

S 老师说道：

我们也把自己的思考和问题贴到墙上。我们让彼此分清哪些是一般问题、哪些是方向性问题。我们把有趣的内容以及幼儿所说的话指出来。我们还为彼此写了小故事，甚至还写了一两首与探究话题相关的诗歌。这是一种沟通的途径，让我们可以开诚布公地交流。

我们决定不寻求结果，而是寻求内在的联系。我们看到，一个由错综复杂的想法、感受和问题编织而成的网出现在我们的眼前。它是有生命力的、会呼吸的。它展现了我们的挫败感、犹豫和恐惧。我们担心它不是真正的教学记录，因为它不漂亮……然而，直到我们意识到它所有层面的思想和观念都是我们这个班集体智慧的体现时，我才发现它的美。它很庞杂，很像我们在制作这张学习地图时的复杂情感。其他教师和家长可以把他们的想法添加上去。通过这张学习地图，我们还邀请整个社区的成员参与到幼儿的学习中。

我们发现，当我们回应幼儿的想法时，我们会说："是的……然后呢？"我们通过这种方式来促进幼儿深入探究。这是人们在戏剧表演过程中经常使用的一种技巧。在即兴戏剧表演过程中，无论对手演员对你说什么，你都要说"好的"。这样能量才会永不消亡。在开展这个探究活动的7个月里，我们一直运用这个技巧，而幼儿的表现让我们感到震惊。

A 老师说道：

通过积极回应幼儿的兴趣，教师可以为幼儿树立自信。我们表现出的浓厚兴趣和仔细倾听会告诉幼儿，我们重视并尊重他们的想法。我们赋予班上的幼儿独立思考的权利，虽然这样做有时会让我们觉得不舒服。在探究活动开展期间，幼儿并不完全听从我们、按照我们所说的做。当他们不同意或不理解我们说的话时，他们会提出很多问题，形成自己的想法。

作为教师，我们很高兴看到幼儿具有这种独立思考的品质。我们不想幼儿成为只会听从别人、别人说什么就信什么的孩子。这种独立性和态度肯定会对他们未来的学习有所帮助。

然而，这也使得我们的教育工作更加艰巨，因为当我们要求幼儿去做一些事或与他们开展讨论时，我们需要认真思考。

思考的循环

S老师反思了这个探究活动：

当我回首这一年的教学生涯时，我想，我们都做了什么呢？现在，幼儿长大了，他们学习了新知识，即将开始进行下一个冒险活动。但是，我们的档案记录方式、我们对幼儿活动的关注以及我们的勇敢行为是否使幼儿获得了一些优势呢？

我们逐渐意识到，我们鼓励幼儿成为具有深刻思考能力和批判性思维的人。我们培养幼儿的好奇心，让他们不断地提出疑问。幼儿会和我们辩论。我们允许幼儿质疑我们和向同伴提问。我们把他们的想法和思考添加到学习地图上，从而向幼儿证明他们的"声音"很重要。我们向他们提出了重要的问题并期待他们给出有意义的答案。

我们教师也相互培养了彼此。我们花了无数个小时讨论我们的信念、意图。在这个过程中，我们学会了如何安静地陪伴彼此。我们摘下面具，做真实的自己，向幼儿展示我们的不足和脆弱。但是，我不认为这就是结局。

对探究活动的反思

在这次探究活动中，教师的哪些想法触动了你？有什么让你感到困惑、欣喜或烦恼的吗？对于我来说，当我第一次看到这个探究活动时，我被三位教师克服犹疑并继续与幼儿深入探究的勇气打动。

让我们来看看，这个案例告诉我们些什么。

- 一切始于关系。教师们之间形成的等边三角形关系值得尊重。在与幼儿一起工作之前，教师之间已经建立了深厚的信任关系。这样一来，所有的事情都是可以协商的。我们没有办法在探究活动一开始的时候就知道会发生什么事情。然而，团队成员之间的相互信任让这种不确定感减弱了。当教师们感到恐惧时，他们之间进行了深入的对话，找到了解决方案。3老师说："在班级中，我们不仅要向同事学习，还要向幼儿和家长学习。这样班级就会给大家营造一种家的氛围，让大家感到安全。"
- 新学期开学前，三位教师决定重新布置教室环境，要让环境反映教师和托幼机构的教育理念、方法。同时，他们为幼儿提供了在探究活动中根据需要改变环境的空间。

- 与幼儿一起探索"有风险"的话题很有价值。正如三位教师前面所描述的那样，死亡等话题让他们感到很恐慌。探讨这些话题对于幼儿来说合适吗？在整个探索过程中，关于这个问题的讨论从未间断。三位教师尤其担心家长对这些话题有意见。这些家长来自世界各地，有不同的信仰。这时，档案记录的重要性就凸显出来了。三位教师邀请家长阅读他们所做的档案记录，帮助家长及时了解班级幼儿正在探索的内容。更重要的是，教师邀请家长把他们自己的问题和想法添加到档案记录上。这种开放和友好的沟通缓解了教师的恐惧，让家长走进了幼儿的想象世界。就家长对于幼儿谈论死亡而言，A 老师说道："当幼儿讨论死亡的话题时，我们有点担心，不知道幼儿是否可以讨论这个话题，他们会不会害怕这样的话题。我们也担心家长有意见。然而，当我们把幼儿之间的对话告诉家长时，他们似乎并没有像我们一样担心！虽然与幼儿、家长谈论某些话题仍然让我们有点担心，但是我们会尽力思考支持幼儿的最佳方法。"

- 随着时间的推移，幼儿会谈论一些"令人毛骨悚然"的话题。A 老师解释说，幼儿谈论了怪兽。她说："支持幼儿的想象力发展，对于教师来说不是一件容易的事情。对于我来说，我很难了解这是不是一个敏感的话题，也很难想象幼儿家长的感受是怎样的。我也想知道，当我向家长解释这些话题时，他们为什么并不担心。"

- A老师提出了一个很好的问题。为什么家长不担心呢？我们只能推测，他们认为自己的孩子生活在一个让他们在心理上感到很安全的环境中。教师会认真倾听幼儿，尊重他们的想法和想象力，倾听他们讨论一些在其他环境中不被鼓励或禁止的话题。这让我们重新思考教育观与儿童观。

- 在整个探究活动中，我们不仅听到了幼儿的声音，还听到了教师的声音。有时，教师会介入以保证探究活动进行下去，或为幼儿添加一个刺激物。于是，这个探究活动就变成了教师和幼儿之间的双向对话。然而，教师非常谨慎，没有为幼儿提供答案而是让他们自己得出结论。A老师说："由于我们让幼儿深入探索这些想法，因此他们展现出了强大的独立思考能力。"B老师补充说："我们允许幼儿说出他们想要说的任何话，并尊重他们的意见。我们和他们在想象的世界中遨游，同时也会顾及幼儿家长的想法。"

- 三位教师对待幼儿的方式和他们让幼儿探索计划外的话题的做法，表明了他们的儿童观。他们认为，幼儿是有能力的人，他们拥有潜力、想法和理论。

- 在整个探究活动过程中，教师得到了教学顾问莉兹·希克斯的支持。在这次探究活动中，莉兹倾听他们的困惑，提出发人深思的问题，鼓励他们，促进他们进行批判性思考。并非所有的幼儿教育机构都有这样一个人来鹰架教师的发展,但是园长要努力为教师创造这样的条件。

- "安静地陪伴"是一个重要的工具。无论是倾听幼儿还是同事,我们都应该使用这个工具。这个探究活动就证明了仔细倾听、深刻思考和积极回应幼儿的力量。

第八章　最终的反思和邀请

如果我们把自己和幼儿从旧有的教学模式中解放出来,那么会发生什么呢?一个重视幼儿的探究、尊重幼儿的想法的教室是什么样子的?如何把幼儿的探究活动和想法展示在教室中呢?如果我们在研发课程时不仅考虑我们的教学观,还考虑幼儿的想法,那么又会发生什么呢?

探究活动可以解放我们。这并不是说我们要置自己的责任、社会的期待于不顾,而是说我们要摆脱僵化思想的束缚和过时的教育模式。我们要努力创设一个适宜的环境,让我们可以和幼儿"一起活动""产生好奇""提出疑问""不断尝试"。

帕姆·奥肯·莱特(Pam Oken-Wright,2017)在《儿童尝试的权利》(*The Child's Right to Try*)一文中写道:

> 我最近一直在思考儿童所拥有的"尝试"的权利。成人总是千方百计地避免儿童失败。如果儿童不能通过标准化考试,那么教师就要让儿童努力、努力、更努力,却也因此让儿童失去了尝试的权利。在儿童的内心深处,他们惧怕失败。于是,这种无形的压力让儿童不敢

尝试。

如果我们把"尝试"的理念引入课程,那么会怎样呢?如果鼓励教师在教室中为儿童提供"尝试"的机会,那么会怎么样呢?如果教师发现他们自己也有尝试的权利,那么又会怎么样呢?

探究活动同时赋予教师和幼儿尝试的权利,让他们可以一起学习和改变,共同构建和合作,以及一起探究世界。我们生活在一个知识不断更新的时代,因此学会如何问问题、寻找信息和尝试,对教师和幼儿都至关重要。

以游戏为基础的生成课程的本质是探究、调查、试验和摆弄。在这个过程中,我们会感到非常快乐,了解到幼儿是如何学习以及我们应该如何教学,认真对待幼儿的问题和想法,以促进幼儿进行更深入的学习。

熟练地采用这样的教学方式,需要我们花费一定的时间。对于新教师来说,这意味着要花时间学习这种方式,思考这种方式对自己意味着什么,包括:相信什么?如何看待幼儿的学习?如何根据自己的理念开展工作,等等。对于经验丰富的教师来说,以探究活动为基础的学习过程和支持探究活动的环境可能引发他们思考:有什么样的可能性?怎样把理念付诸实践?遇到的问题是什么?如何找到答案?等等。

我邀请你打开好奇心,和幼儿一起去漫游,把你的信念和价值观融入你的教室环境,让探究活动成为一种生活方式……去生活、感受和改变。

参 考 文 献

Avery, Jason, Karyn Callaghan, and Carol Ann Wien. 2016. *Documenting Children's Meaning: Engaging in Design and Creativity with Children and Families*. Worcester, MA: Davis Publications.

Csikszentmihalyi, Mihaly. 1996. *Creativity: Flow and the Psychology of Discovery and Invention*. New York: HarperCollins.

DeViney, Jessica, Sandra Duncan, Sara Harris, Mary Ann Rody, and Lois Rosenberry. 2010. *Inspiring Spaces for Young Children*. Lewisville, NC: Gryphon House.

Fraser, Susan, and Carol Gestwicki. 2002. *Authentic Childhood: Exploring Reggio Emilia in the Classroom*. Albany, NY: Delmar.

Fynes, Laurel. 2014. "The Fourth Teacher . . . Is Time." *The Kindergarten Life* (blog). August 7.

Henderson, Barbara, Daniel R. Meier, Gail Perry, and Andrew J. Stremmel. 2012. "The Nature of Teacher Research." *Voices of Practitioners* 1–7.

Hill, Lynn T., Andrew J. Stremmel, and Victoria R. Fu. 2005. *Teaching as Inquiry: Rethinking Curriculum in Early Childhood Education*. Boston: Pearson.

James, Thomas. 1983. "Teacher of Teachers, Companion of Children: An Interview with David Hawkins." *Phi Delta Kappan* 64, no. 5 (January): 362–65.

Johns, Sandy, and Jennifer Kemp. 2017. "What Makes Something Beautiful?" *Innovations* 24, no. 3 (September): 30–43.

Jones, Elizabeth, and Gretchen Reynolds. 1992. *The Play's the Thing: Teachers' Roles in Children's Play*. New York: Teachers College Press.

Kondo, Marie. 2014. *The Life-Changing Magic of Tidying Up: The Japanese Art of Decluttering and Organizing*. New York: Ten Speed Press.

Lynch, Mary, Lauren Foster Schaffer, and Ellen Hall. 2009. "Reflections on Science: The Development of the Hawkins Room for Messing about with Materials and Ideas." *Exchange* (November/December): 53–6.

Oken-Wright, Pam. 2017. "The Child's Right to Try." *The Voices of Children Blog* (blog). October 31, 2017.

Paley, Vivian Gussin. 1986. "On Listening to What the Children Say." *Harvard Educational Review* 56, no. 2 (May): 122–131.

Piven, Hanoch. 2012. "Living in a Playful Collage: Hanoch Piven at TEDxJerusalem." Filmed December 2012 in Jerusalem, Israel. TEDx video, 16:02.

Prescott, Elizabeth. 2008. "The Physical Environment: A Powerful Regulator of Experience." *Exchange* (March/April): 34–7.

Rinaldi, Carlina. 2006. *In Dialogue with Reggio Emilia: Listening, Researching and Learning*. New York: Routledge.

Robinson, Ken, and Peter Gray. 2015. *Play*. Goodtastic Films.

Stacey, Susan. 2011. *The Unscripted Classroom: Emergent Curriculum in Action*. Saint Paul, MN: Redleaf Press.

———. 2018. *Emergent Curriculum in Early Childhood Settings: From Theory to Practice*. 2nd ed. Saint Paul, MN: Redleaf Press.

Vecchi, Vea. 2012. "The Atelier: For a Richer and More Comprehensive Knowledge of New Cultural Visions." *Innovations* 19 (4): 2–7.

Warden, Claire. 2012. *Nature Kindergartens and Forest Schools: An Exploration of Naturalistic Learning within Kindergartens and Forest Schools*. Auchterarder, Scotland: Mindstretchers.

Wenger, Etienne, Richard McDermott, and William Snyder. 2002. *Cultivating Communities of Practice: A Guide to Managing Knowledge*. Boston: Harvard Business School Press.

Wien, Carol Anne, ed. 2008. *Emergent Curriculum in the Primary Classroom: Interpreting the Reggio Emilia Approach in Schools*. New York: Teachers College Press.

Williams-Siegfredsen, Jane. 2017. *Understanding the Danish Forest School Approach: Early Years Education in Practice*. New York: Routledge.